ESSEN FÜR SIEGER!

BIJU THOMAS und Dr. ALLEN LIM

ESSEN für SIEGER!

Das Bestzeiten-Kochbuch

Übersetzt aus dem amerikanischen Englisch
von Karen Dengler und Martin Waller

spomedis

Die Originalausgabe erschien 2011 unter dem Titel „The Feed Zone Cookbook. Fast and Flavorful Food for Athletes“ bei VeloPress, 3002 Sterling Circle, Suite 100, Boulder, CO 80301-2338, USA; www.velopress.com.

Bibliografische Information der Deutschen Nationalbibliothek
Die Deutsche Nationalbibliothek verzeichnet diese Publikation in der Deutschen Nationalbibliografie; detaillierte bibliografische Daten sind im Internet über http://dnb.dnb.de abrufbar.

Übersetzung: Karen Dengler und Martin Waller
Layout: Vicki Hopewell
Satz: Melanie Trommer
Fotos: siehe Bildnachweis

Druck und Bindung: Firmengruppe APPL, aprinta druck, Wemding

Printed in Germany.

ISBN 978-3-95590-005-2

www.spomedis.de

Wissenschaft und Praxis

Ich begann meine Arbeit mit Profi-Sportlern nur ein paar Monate, nachdem ich meinen Doktor in *Integrative Physiology* an der University of Colorado in Boulder gemacht hatte. Ich war vollkommen überzeugt von der Qualität meiner Ausbildung und der Arbeit, die ich hineingesteckt hatte. Ich wusste genau Bescheid über den Energiestoffwechsel, gab Kurse in Sportphysiologie und Ernährung und betrieb Forschung über die physikalischen und metabolischen Anforderungen beim Profi-Sport, sowohl im Labor als auch im Feld. Wenn über Themen wie Bioenergetik und Ernährung diskutiert wurde, konnte ich mit meinem theoretischen Wissen über Kohlenhydrate, Fette und Proteine glänzen und die biochemischen Prozesse, die sie steuern, detailliert herunterbeten. Ich kannte meine Wissenschaft, ich war stolz darauf, und ich fühlte mich bereit, sie in die Praxis umzusetzen.

Angesichts meiner Ausbildung war es kein Wunder, dass ich ständig gefragt wurde, was, wie viel und wann gegessen werden sollte. Es stellte sich jedoch schnell heraus, dass mein wissenschaftliches Vokabular für meine Arbeit mit den Athleten zur Optimierung ihrer Ernährung kaum geeignet war. Profi-Sportlern die Chemie der ATP-Synthese oder die verschiedenen Schritte, die zur Speicherung von Muskelglykogen nötig sind, beizubringen, war sinnlos, wenn ich ihnen nicht bei der Planung ihrer Mahlzeiten helfen konnte, die sie im Lauf des Tages benötigten. Ich redete in der falschen Sprache. Ich war kein Koch oder Ernährungswissenschaftler. Ich verhielt mich ja bei meiner eigenen Ernährung kein bisschen besser. Den Großteil der vorangegangenen zehn Jahre hatte ich damit verbracht, mein Essen über dem Spülbecken in der Küche, am Computer sitzend oder im Gehen auf dem Campus zu mir zu nehmen – ein Verhalten, das für einen hungrigen Doktoranden völlig normal war. Aber an meinem ersten Abend in Europa beobachtete ich, wie sich einer der Athleten, die ich betreute, zum Abendessen Frühstückszerealien in eine Schale schüttete, und ich erkannte, dass es hier viel zu verbessern gab.

Ich musste den Athleten einfache, praktische Rezepte zeigen. In manchen Fällen musste ich ihnen sogar beibringen, wie man

Lebensmittel einkauft, wie man Gemüse schneidet oder sogar wie man ein Spiegelei brät. Selbst für diejenigen, die sich in der Küche schon zurechtfanden, war ich beständig auf der Suche nach Wegen, meine wissenschaftlichen Kenntnisse in praktikable Mahlzeiten umzusetzen.

So tat ich, was jeder gute Wissenschaftler tut: Ich rief meine Mutter an. Mit dem Stift in der Hand bombardierte ich sie mit Fragen. Was war das, was wir damals in meiner Kindheit in Bambusblätter eingewickelt gegessen hatten? Welche Zutaten benötigte ich für ein gutes Nudelgericht? Wie gelang ihr dieses wunderbare Curry? Und was waren noch einmal diese süßen Reiskuchen, die wir immer in einer Bäckerei in Chinatown gekauft hatten? Da ich nicht alle Antworten in der Wissenschaft finden konnte, sagte mir mein Instinkt, dass ich nach Antworten in meinem kulturellen Erbe und meiner Erziehung suchen sollte. Der Publizist Michael Pollan hat es sehr schön auf den Punkt gebracht: „Kultur ist, womit man von seiner Mutter gefüttert wurde."

Glücklicher- oder unglücklicherweise waren die Antworten, auf die ich stieß – ein nach Amerika immigrierter Chinese, der zu dem Zeitpunkt in Europa lebte –, damals völlig unvereinbar mit der althergebrachten europäischen Ernährungskultur, die ich vorfand. Mit wenig Ehrfurcht vor den Konventionen um mich herum entschied ich eines Tages, einen Reiskocher anzuschaffen, um die Weißbrot-Sandwiches, die den Athleten normalerweise nach den Rennen gegeben wurden, durch Reis zu ersetzen. Ich tat das nicht, weil ich es in irgendeiner wissenschaftlichen Publikation gelesen hatte, sondern weil es einfach war und ich es kannte. Für viele Betreuer und Köche aber war das Blasphemie. Ich sah mich heftigen Angriffen ausgesetzt wegen meiner Unruhestifterei, aber es lohnte sich. Die Atheten begrüßten den Wechsel und profitierten von ihm. Das Feedback der Athleten – ihrer Mägen und ihrer Leistungen – wurde ein unverzichtbarer Teil dessen, was mich in den Jahren seit jenem Tag geleitet hat.

Der Reiskocher und all die Rezepte meiner Mutter setzten einen wichtigen Dialog mit den Athleten in Gang. Ich begann, ihnen ebenso viele Fragen zu stellen wie sie mir. Wir fingen an, uns gegenseitig zu lehren. Warum magst du Reis und Rührei zum Frühstück? Meinst du, dass Haferflocken mit pochierten Eiern auch gehen? Ist eine gekochte Kartoffel mit Salz und Parmesan besser oder schlechter als ein Energieriegel? Ist es besser für den Magen, den Salat vor oder nach dem Hauptgericht zu essen? Wie viele Ballaststoffe verträgt man? Magst du chinesisches Essen? Für mich war dieses Frage-und-Antwort-Spiel ein natürlicher und spannender Prozess. Während zwischen Wissenschaft und Praxis bisweilen ein tiefer Spalt klafft, hat der Erfolg auf beiden Gebieten mehr mit dem Vorgang des Entdeckens zu tun als mit dem ständigen Wiederkäuen von Fakten und Techniken.

Eine individuelle Studie in der realen Welt

So begann ich in gewisser Hinsicht wieder von vorn: Ich verließ mich weitaus weniger auf wissenschaftliche Erkenntnisse als auf das wissenschaftliche Verfahren – das beständige Aufstellen und Prüfen von Fragen und möglichen Antworten. Anders als im Labor jedoch bedeutet angewandte Wissenschaft, insbesondere im Zusammenhang mit Diät und Ernährung zu Hause und unterwegs, individuelle Unterschiedlichkeiten als relevant anzuerkennen. Jeder ist anders. Statt zu beweisen, dass etwas für eine Gruppe gilt, ist es oft besser herauszufinden, inwieweit etwas bei einem Individuum wirkt oder nicht wirkt. Weniger um der Wissenschaft als um der falschen

Sprache aus dem Weg zu gehen, begann ich, die Athleten zu ermutigen, scharfe Beobachter ihrer eigenen Körper zu werden – also genau auf den Zusammenhang zu achten zwischen dem, was sie aßen, und dem, was sie leisteten. In der Wissenschaft gibt es ein Prinzip, das „Ockhams Rasiermesser" genannt wird. Im Wesentlichen sagt es, dass bei gleichen Voraussetzungen die einfachste Lösung beziehungsweise die Lösung, die auf den wenigsten Annahmen beruht, die richtige ist. Auf ganz einfachem Niveau heißt das: Wenn man sich durch etwas, das man isst, nicht gut fühlt, dann muss man – bei ansonsten gleichen Voraussetzungen – aufhören, es zu essen.

Leider ist die Wirklichkeit nicht so simpel. Viele Annahmen beruhen auf unzureichenden Informationen. Ernährung und Ernährungswissenschaft sind komplexe und sich ständig verändernde Gebiete. Jedes Jahr gibt es neue Erkenntnisse, die sowohl informieren als auch verwirren können. Nehmen Sie dazu die unüberschaubare Anzahl der Produkte und Nahrungsergänzungsmittel, die behaupten, uns zu Champions zu machen. Von den Energieriegeln bis hin zu Gels und Shakes – der Hype und die schiere Menge an Informationen können einen leicht durcheinanderbringen und völlig überwältigen.

Jenseits dieser Produkte und Ergänzungsmittel gibt es auch viel zu viele Diättrends, die auf die Athleten einprasseln, das Spektrum reicht von Veganismus bis zur Paläo-Diät, von glutenfrei bis glutenreich. Manche Diäten hängen von der Blutgruppe, andere vom Körpertyp ab, doch allen gemein sind vollmundige Versprechungen und glühende Verfechter.

Das wahre Problem aber, die echte Komplikation ist, dass wir alle Menschen sind. Unsere Ernährungsweise wird nicht nur von Trends leicht beeinflusst, sondern auch von persönlichen Vorlieben und der leichten Verfügbarkeit bestimmter Lebensmittel. Wir alle haben unsere heimlichen Laster: Dinge, die wir gern essen, auch wenn wir wissen, dass wir uns danach nicht immer wohlfühlen oder leistungsfähig sind. Doch ist unsere Ernährung ganz fundamental auch eine Chance für Eigenverantwortlichkeit – und gleichzeitig ihr Spiegelbild.

Es stimmt, dass der menschliche Körper extrem anpassungsfähig ist. Ich habe gesehen,

wie Athleten einige der größten Rennen der Welt mit Diäten, Nahrungsmitteln und Produkten überstanden haben, die so unterschiedlich waren wie ihre individuellen Persönlichkeiten und Kulturen. Doch hier wollen wir ja mehr, als nur überstehen. Unser Ziel ist es, zu optimieren und aufzublühen – echtes Essen als echte Waffe zu verwenden. Wie die Diät genannt wird oder mit welchem Etikett man sie versieht, ist weitaus weniger wichtig als die Zutaten, aus der sie aufgebaut ist. Wie beim richtigen Training ist die inhärente Qualität und Vielfalt dessen, was wir uns zu essen aussuchen, der Schlüssel zur optimalen Gesundheit und Leistungsfähigkeit.

Eine bessere Art zu essen

Dieser Gedanke von Qualität und Vielfalt ist wesentlich dafür, wie ich inzwischen Ernährung verstehe. Unabhängig von Diät, Vorlieben oder Themen liegt der Unterschied zwischen einer guten und einer hervorragenden Ernährung in den Zutaten, die ihr zugrunde liegen. Beginnen Sie mit frischen, vollwertigen Zutaten, die so intakt wie möglich in ihrer eigenen natürlichen Verpackung stecken – Nahrungsmittel, die minimal verarbeitet sind, die aus lokalem, vorzugsweise ökologischem Anbau von richtigen Bauern stammen, nicht von multinationalen Konzernen. In Bezug auf Vielfalt teilen wir unser Essen schnell in Kohlenhydrate, Fette, Proteine und Kalorien ein oder in ihren Gehalt an Ballaststoffen, Mineralien, Vitaminen, Salzen oder Antioxidantien. Diese Klassifikation sagt uns aber wenig über die unglaubliche Menge an Gemüse, Früchten, Getreidesorten – ja, des ganzen Lebens, das auf unserem Planeten existiert und das von uns als Nahrungsquelle genutzt wird. Und was noch schwerer wiegt: Unser gegenwärtiges reduktionistisches Denken geht kaum auf all die einzigartigen und individuellen Wirkungen ein, die vollwertige Nahrung auf die komplexen Systeme haben kann, die unseren Geist und Körper steuern. Quercetin beispielsweise, ein hoch wirksames Antioxidans, das man etwa in Äpfeln und Zwiebeln findet, wurde in den letzten Jahren massiv als potentes Nahrungsergänzungsmittel vermarktet. Aber Quercetin ist nur eines von Hunderten Flavonoiden oder Polyphenolen, die in Obst und Gemüse vorkommen. Es wird zwar als „Superstar-Verbindung" beworben, doch ob es allein ebenso wirksam ist wie in Verbindung mit seinem gesamten Team – wie es bei Vollwertkost der Fall ist –, darüber herrscht Uneinigkeit. Tatsächlich beobachtet man in den meisten natürlichen Systemen ein Phänomen, das Emergenz genannt wird. Damit sind Eigenschaften oder Merkmale gemeint, die sich nicht einfach aus der Summe der einzelnen Bestandteile des Systems heraus erklären lassen. Die Freude, die uns ein Essen im Freundes- und Familienkreis bereitet, ist ein einfaches Beispiel dieser Emergenz. Auch Athleten profitieren von einer ganzheitlichen Haltung zum Essen.

Egal wie talentiert oder ambitioniert Sie als Athlet sind, am besten ernähren Sie sich, wenn Sie Ihre Mahlzeiten mit Sinn und Verstand und so weit wie möglich aus rohen Zutaten zubereiten. Das kostet allerdings Zeit, die auch noch im ohnehin vollen Tagesplan untergebracht werden muss. Dies ist der Grund, warum sich Fertiggerichte so verbreitet haben. Es sind durchaus praktische Produkte, die als Ergänzung für Sportler eine wichtige Rolle spielen können – aber praktisch bedeutet auch bequem, und mit Bequemlichkeit kommt kein Athlet weit. Wer sein ganzes Potenzial ausschöpfen will, wird wohl kaum den einfachsten und bequemsten Weg nehmen können.

Die eigene Ernährung hauptsächlich aus frischen, vollwertigen Gerichten zu bestreiten, ist zugegebenermaßen nicht ganz einfach – für Profi-Ausdauerathleten mit einem hohen Trainingsumfang, die viel unterwegs sind, genauso wie für ambitionierte Hobby-Athleten, die ihren Sport mit Beruf, Familie und sämtlichen anderen Verpflichtungen vereinbaren müssen. Umso wichtiger ist es, sich mit dem Thema Ernährung zu beschäftigen und zu wissen, wie man eine ganzheitliche Haltung zum Essen im Alltag umsetzen kann.

In den vergangenen Jahren genoss ich das unschätzbare Privileg, mit ein paar großartigen Köchen zusammenzuarbeiten. Ihre Fähigkeiten bildeten eine entscheidende Brücke zwischen Theorie und Praxis. Ich verbrachte auch viel Zeit damit, mich mit Köchen der „alten europäischen Schule“ zu streiten – was die kulturellen Einseitigkeiten, denen wir alle, auch ich, verhaftet sind, umso deutlicher zeigte.

Biju, der Koch

Unabhängig von der Perspektive ist es aber ein großer Unterschied, sich bekochen zu lassen beziehungsweise darüber zu streiten, womit man bekocht wird, und das Wissen und die Motivation zu haben, selbst zu kochen. Für mich kamen dieses Know-how und diese Motivation erst zusammen, als ich Biju Thomas kennenlernte. Biju hatte das Catering bei einer Dinner-Party, zu der ich eingeladen war, übernommen. Es war unglaublich, was er uns servierte – nicht nur köstlich, sondern auch grundlegend einfach und nahrhaft. Ich sprach Biju sofort an. Wir redeten über seine Art zu kochen, über Essen im Allgemeinen und darüber, ob er mir helfen könnte, meinen Athleten erstklassige Ernährung durch erstklassige Mahlzeiten näher zu bringen.

Biju und ich freundeten uns in der Folge rasch an. Wir teilten nicht nur die Liebe zum Essen und zum Ausdauersport, wir fanden auch Gemeinsamkeiten in der Kindheit. Beide waren wir als Immigranten in den Vereinigten Staaten aufgewachsen, waren in der Jugend viel Fahrrad gefahren, auch Rennen, – und waren beide unglaublich vielfältigen Essenskulturen verhaftet, die vom Street Food bis zu opulenten Familienfesten alles abdecken: Biju stammt aus Indien, meine Familie kommt aus China und von den Philippinen. Aufgrund unserer ähnlichen Erfahrungen und insbesondere aufgrund Bijus Leidenschaft und Talent gingen wir in unserem Austausch über Ernährung bald einen Schritt weiter: Anstatt mit den Athleten über Ernährungslehre zu sprechen, begannen wir, *mit* ihnen zu kochen, nicht mehr nur *für* sie.

Dieses Buch ist das Ergebnis zahlloser Unterhaltungen, endloser Tage unterwegs in Hotel- und Behelfsküchen, unzähliger zubereiteter Mahlzeiten und der oft komischen Momente, wenn wir mit unseren Freunden kochten – von denen zufällig einige zu den besten Profi-Ausdauersportlern der Welt gehören. Dieses Buch will keine Ernährungsbibel oder Grundsatzerklärung sein. Es soll als Nachschlagewerk für Athleten dienen, die nach ernsthaften, rennerprobten Ideen suchen und die auch gewillt sind, Zeit und Energie zum Zubereiten unserer Rezepte aufzubringen. Dass sie funktionieren, wissen wir.

Die Rezepte und die Art ihrer Darstellung spiegeln auch einen Zwiespalt wider, den wir alle beim Sport und im Leben erfahren: Die Balance zwischen dem gemütlich zu Hause eingenommenen Mahl und der Notwendigkeit, unterwegs – zum Beispiel auf dem Fahrrad – essen zu müssen. Einige Speisen können mit der Hand verzehrt oder auch mitgenommen werden, um das Essen mitten in einem Rennen oder nach einem harten Morgentraining auf dem Weg ins Büro zu erleichtern. Allen Rezepten gemeinsam sind die frischen, vollwertigen Zutaten, die den Leistungsanforderungen entsprechen und die in unsere vollen Zeitpläne passen.

Diese Speisen sind für Athleten bestimmt, die ihr Potenzial maximieren wollen. Daher sind sie nicht geeignet, wenn man abnehmen möchte, eine Krankheit behandeln will oder eine bestimmte Diät macht. Biju und ich haben ambitionierte Ausdauersportler im Blick, deshalb sind viele Gerichte kohlenhydratreich, enthalten viel Fett und teilweise mehr Salz, als viele Ernährungswissenschaftler und auch Ärzte für gesund halten. Wir verwenden viele Eier und jede Menge weißen Reis in unseren Rezepten, echten Zucker statt Süßstoff, Butter statt Margarine und hier und da einen Riegel Schokolade. Wir sind uns auch vollkommen darüber im Klaren, dass trotz aller Bemühungen unsere eigenen Kulturen und Lebenserfahrungen in diese Rezepte eingeflossen sind. Schließlich sind sie, zum Guten oder zum Schlechten, aus tatsächlichen Erfahrungen mit echten Athleten sowie einigen sehr guten Ideen unserer Mütter entstanden.

Wir glauben, dass wir Ihnen besser helfen können, Ihre Ziele zu erreichen, wenn wir Ihnen Rezepte an die Hand geben, die wir selbst mögen und verwenden, anstatt über dieses oder jenes zu argumentieren. Wir wissen, dass selbst zu kochen viel besser ist, als zum Abendessen eine Packung aufzureißen, nur weil ein Wissenschaftler in einem Labor behauptet, dass die Körnchen dekonstruierter Nahrung darin Ihren maximalen Sauerstoffverbrauch erhöhen. Wir möchten Sie ermutigen, unsere Rezepte auszuprobieren, mit ihnen zu spielen, herauszufinden, was für Sie gut ist – und Spaß dabei zu haben! Schlussendlich sind Sie selbst ganz allein für Ihre Gesundheit, Ihr Wohlbefinden und Ihre Leistungsfähigkeit verantwortlich.

In der Theorie

Wann was essen?

Für Athleten lässt sich der Tag selten in die üblichen Mahlzeiten Frühstück, Mittagessen und Abendessen einteilen. Wir achten darauf, die Essenszeiten mit dem Training oder dem Rennen abzustimmen: Pre-Workout, Workout und Post-Workout. Da die meisten Athleten Frühstück und Abendessen zu vergleichsweise normalen Zeiten einnehmen, haben wir diese beiden Kategorien erhalten, allerdings könnte unsere Haltung zu diesen Mahlzeiten Ausdauerathleten recht unkonventionell erscheinen. Wir haben auch die Rubriken „Kraftpakete für unterwegs" und „Post-Workout" dazugenommen, um die Aufmerksamkeit darauf zu lenken, was Sie während des Trainings und unmittelbar danach essen.

PRE-WORKOUT

Im Allgemeinen fühlen sich die meisten Athleten sehr gut, wenn sie drei Stunden vor dem Wettkampf beziehungsweise etwa zwei Stunden vor dem Training etwas essen. Vor einem Rennen ist es wichtig, genug Zeit zur Verdauung zu haben und von der Mahlzeit gut gesättigt zu sein. Manchmal nehmen Sportler 30 Minuten vor dem Wettkampf noch einen kleinen Snack – meist einen Reisriegel oder einen Energydrink – zu sich, um den Blutzuckerspiegel normal zu halten.

Beim Trainieren ist je nach Art des Trainings größere Flexibilität möglich. Viele Profi-Ausdauerathleten lassen es während der ersten Stunde langsam angehen oder wärmen sich zunächst auf, können also auch noch etwas kürzer vor dem Training essen.

Was man sich aber immer vor Augen halten sollte: 60 bis 90 Minuten vor dem Training oder Wettkampf zu essen, kann eine sehr harte erste Stunde zur Folge haben. Das liegt daran, dass der Insulinspiegel 60 bis 90 Minuten nach einer Mahlzeit seinen Höchststand erreicht, was einen kurzzeitigen Abfall des Blutzuckerwerts bedingen kann, da das Insulin die Glukose aus dem Blutkreislauf holt. Die Situation kann sich noch verschärfen, wenn Muskeln arbeiten, die Glukose aufnehmen können, ohne Insulin zu benötigen. Als Resultat fühlen sich einige Athleten am Anfang der Belastung oft etwas hypoglykämisch, also unterzuckert. Ich habe einige Profi-Athleten gesehen, die mit dem Essen bis zum Trainingsbeginn gewartet haben, wenn sie in Zeitnot waren. Das ist nicht ideal, funktioniert aber manchmal besser, als in das Zeitfenster von 60 bis 90 Minuten zu fallen. Ich empfehle vor langen Anstrengungen auch Speisen mit etwas mehr Fett und Proteinen. Ein niedrigerer glykämischer Index kann helfen, die hohen Blutzuckerspitzen zu vermeiden.

WORKOUT

Während des Trainings, insbesondere bei großer Anstrengung, empfehle ich, dass die

Athleten etwa die Hälfte der Kalorien, die sie pro Stunde verbrennen, durch Kalorien aus festen Nahrungsmitteln und einem 4-prozentigen Sportdrink (4 Gramm Kohlenhydrate pro 100 Milliliter oder etwa 80 Kilokalorien pro 500-Milliliter-Wasserflasche) ersetzen.

POST-WORKOUT

Nach einem Rennen oder Training von über vier Stunden ist es unbedingt notwendig, innerhalb von 30 Minuten nach Trainingsende mindestens 4 Gramm Kohlenhydrate pro Kilogramm Körpergewicht zu sich zu nehmen. Bei Einheiten von unter zwei Stunden ist das Ziel 2 Gramm Kohlenhydrate pro Kilogramm Körpergewicht. Für einen Sportler von circa 70 Kilogramm kommen so je nach Trainingsdauer 500 bis 1000 Kilokalorien zusammen. Grob gesagt bedeutet das, dass Sie nach einem harten Trainingstag so viel wie möglich essen sollten. Nach einem leichteren Training reicht es, das Hungergefühl zu stillen. Wir müssen direkt nach der Anstrengung essen, weil unsere Muskeln in dieser Zeit extrem empfindlich für Insulin sind. Insulin bringt die Kohlenhydrate in die Muskeln, wo sie als Glykogen gespeichert werden. Gleich nach der Anstrengung zu essen hilft also, das verbrauchte Muskelglykogen besser zu ersetzen.

Für manche Sportler kann lediglich die Änderung des Zeitpunkts der Nahrungsaufnahme eine bessere Speicherung von Muskelglykogen bedeuten, auch wenn die insgesamt aufgenommene Kalorienmenge gleich ist. Wenn man direkt nach dem Sport Nahrungsmittel mit einem hohen glykämischen Index isst, erhöht das die Geschwindigkeit, in der die Speicher gefüllt werden. Tatsächlich ist die Zeit unmittelbar nach der Anstrengung diejenige, in der sich Süßigkeiten und Desserts noch am ehesten verzeihen lassen.

ABENDESSEN

Die meisten Athleten essen zwischen 18 und 20 Uhr zu Abend, abhängig vom Training tagsüber und natürlich ihren sonstigen Verpflichtungen. Wenn sie direkt nach dem Training eine ausreichend nahrhafte und kalorienreiche Mahlzeit zu sich genommen haben, dann empfehle ich ihnen in der Regel, nicht zu üppig zu Abend zu essen und lieber den Großteil ihrer Tagesration an Salat, Obst und Gemüse zu sich zu nehmen. Natürlich ist jeder Trainingstag anders, aber wenn man im Training steht, ist es normalerweise besser, sich beim Abendessen nicht vollzustopfen. Kurz vor Rennen ist jedoch eher das Gegenteil ratsam: Stellen Sie sicher, dass Sie vollkommen gesättigt sind.

Wie hungrig sind Sie?

Einen Großteil meiner beruflichen Laufbahn habe ich damit verbracht, über die Energiebalance nachzudenken, sie zu messen und zu erforschen. Was wäre, wenn man ein Gerät hätte, das die bei einer Belastung verbrauchte Energie exakt anzeigen könnte? Als tragbare Wattmessgeräte allgemein verfügbar wurden und eine direkte Messung der beim Radfahren aufgewendeten Energie möglich machten, wusste ich, dass wir einen Meilenstein der Trainingstechnologie erreicht hatten (siehe Kasten „Wie ein Wattmessgerät Kalorien misst"). Zweifellos haben Wattmessgeräte den Radsport und Triathlon verändert. Man kann nun messen, wie viele Kalorien man auf dem Rad verbrennt, und weiß dadurch genau, wie viel man auffüllen muss.

Doch auch wenn uns diese Technologie zu verstehen hilft, wie viele Kalorien wir auf dem Rad verbraucht haben, sagt sie uns nicht, wie viel wir im Lauf des Tages essen müssen, um die Energiebalance aufrechtzuerhalten. Es gibt ja auch noch die nur sehr schwer messbaren

Kalorien, die jenseits des Trainings verbraucht werden. Man muss also immer noch die Kalorienangaben auf den Etiketten lesen oder Schätzwerte für Vollwertkost nachschlagen und darüber hinaus im Auge behalten, was man tatsächlich isst und in welchen Portionen. Das ist viel Arbeit, aber zweifellos ist es zum Halten eines optimalen Körpergewichts sehr hilfreich, wenn man Kalorien zählt und über die Kost Bescheid weiß, die man zu sich nimmt. Das ist einer der Gründe, warum wir für jedes Rezept in diesem Buch Nährwertinformationen angegeben haben. Der Einfachheit halber beziehen sich die Nährwertinformationen am Ende eines jeden Rezepts nur auf das Rezept in seiner einfachsten Form. Nährwertangaben für optionale Zutaten oder Alternativen finden Sie im Anhang dieses Buchs.

All dies sind wichtige Informationen, doch gibt es noch einfachere Methoden, um herauszufinden, wie viel man essen soll. Entscheidend ist, dass die meisten von uns wissen, wann sie zu viel gegessen haben, und auch, wann sie hungrig sind. Ich kenne keinen Profi-Ausdauer-

athleten, der seine Mahlzeiten mit einer Waage auf dem Tisch isst, um sich seine Portionen einzuteilen. Wir laufen unseren Athleten auch nicht ständig mit Gesichtsmasken hinterher oder lassen sie in hermetisch verschlossenen Räumen mit Temperaturregelung schlafen, um ihren Grundumsatz zu messen. Profi-Sportler sehen wie jedermann in den Spiegel, drehen und wenden sich, springen vielleicht auch einmal in die Höhe, um zu sehen, was alles wackelt – und dann kommt der Narzissmus ganz von allein (wenn er nicht sowieso schon in voller Blüte steht).

Ihr Bauch ist letzten Endes das beste Barometer dafür, wie viel Sie essen sollten. Als Faustregel gilt, dass Sie in einer Zeit, in der Sie nicht oder nur sehr wenig trainieren, ruhig hungrig sein dürfen. Wenn Sie trainieren, ist ein bisschen Hunger gut. Wenn Sie kurz vor einem großen Wettkampf stehen oder während eines Wettkampfs sollten Sie nicht hungrig sein.

Bei Rennen in jeder Ausdauersportart ist ein Hungerast das Letzte, was man gebrauchen kann – also der Moment, an dem das Muskelglykogen aufgebraucht ist und man völlig desorientiert auf dem Zahnfleisch geht, weil der Blutzuckerspiegel abstürzt wie die Aktienkurse bei einem Börsencrash.

Vor dieser Gefahr fürchte ich mich zutiefst. Vor lauter Sorge habe ich Athleten schon bei Rennen sehr nachdrücklich dazu geraten, lieber zu viel als zu wenig zu essen – auch auf die Gefahr hin, dass sie sich übergeben müssten. Letzteres ist allerdings noch nie passiert!

Aber während man manchmal so viel wie möglich essen soll, muss man zu anderen Zeiten Wege finden, weniger zu essen. Kurz vor einem wichtigen Wettkampf war einer meiner Athleten beeindruckt, wie satt er sich nach dem Essen von Wassermelone fühlte. Er war ganz begeistert, dass er eben eine kalorienarme Speise gefunden hatte, die ihm das Hungergefühl nehmen und dadurch helfen könnte, auf sein Kampfgewicht zu kommen. Nachdem er vier große Stücke Wassermelone verdrückt hatte, lehnte er sich für einen Moment zufrieden in seinem Sessel zurück, doch auf einmal wurde er völlig panisch, weil er befürchtete, dass sein Völlegefühl nicht am Wasser und Fruchtfleisch der Melone liegen könnte, sondern an ihrem Kaloriengehalt. Er sprang vom Sessel auf und schrie: „Wie viele Kalorien haben Wassermelonen?" – „Ich habe keine Ahnung", schrie ich zurück. Er rannte zu seinem Computer, suchte und kam mit dem Ergebnis zurück, dass ein 250-Gramm-Stück 85 Kilokalorien

WIE EIN WATTMESSGERÄT KALORIEN MISST

Ein Wattmessgerät misst die mechanische Energie in der Einheit Joule. 1000 Joule entsprechen einem Kilojoule, abgekürzt kJ.

Die in Lebensmitteln enthaltene Energie wird dagegen angegeben durch die Wärmemenge, die bei der Verbrennung der Nahrung entsteht; hier verwendet man die Maßeinheit Kalorie. 1000 Kalorien entsprechen einer Kilokalorie, abgekürzt kcal. Umgangssprachlich werden kcal auch oft einfach als „Kalorien" bezeichnet; in den USA beispielsweise ist neben kcal auch ein großes C (Calories) als Nährwertangabe für Kilokalorien auf Lebensmitteletiketten erlaubt.

Eine Kilokalorie entspricht in etwa vier Kilojoule (1 kcal = 4,126 kJ). Wenn man also auf dem Fahrrad 100 Kilokalorien verbrennt, entspricht das etwa 400 Kilojoule, die der Körper als Arbeit leistet. Allerdings beträgt der mechanische Wirkungsgrad

mit Umsicht ausführen und entscheiden, was gut für Sie ist.

Heute verfechte ich weder eine glutenfreie noch eine glutenreiche Ernährung. Wenn mir aber Athleten sagen, dass es ihnen – unabhängig vom Bestehen einer Zöliakie – ohne Gluten besser geht, dann glaube ich ihnen meist. Aus diesem Grund sind viele unserer Rezepte glutenfrei.

Ob nun mit oder ohne Gluten, wir haben uns alle Mühe gegeben, dass jedes Gericht nahrhaft ist und wirklich gut schmeckt. Biju und ich haben die meisten dieser glutenfreien Rezepte ausprobiert, ohne es den Athleten vorher zu sagen. Eines Abends brachten wir eine riesige Schüssel glutenfreie Pasta auf Quinoabasis auf den Tisch. Nach dem ersten Bissen begannen einige unserer europäischen Athleten – für die eine Vorbereitung ohne Pasta unvorstellbar war – zu schwärmen.

UND WO BLEIBT DAS FLEISCH?

Ob eine vegetarische oder sogar eine vegane Ernährung sinnvoll ist für Athleten, die enorme Ausdauerleistungen vollbringen, darüber lässt sich – wie über so vieles – streiten. Wenn man den meisten Athleten glaubt, die sich nicht vegetarisch oder vegan ernähren, lautet die Antwort nein.

Doch es gibt zunehmend Athleten, die sich für eine fleischlose oder auch vegane Ernährung entscheiden. Und viele berichten, dass sie sich leistungsfähiger denn je fühlen.

Auch hier gilt: Jeder Mensch und jeder Sportler ist anders und muss für sich selbst herausfinden, was ihm guttut. Wir können Sie nur dazu ermutigen, Ihren Körper genau zu beobachten und Dinge auszuprobieren. Wie bei jeder Ernährungsumstellung ist es jedoch wichtig, sich mit den Nahrungsmitteln und ihren Eigenschaften zu befassen, um eine ausgewogene Ernährung sicherzustellen. Das gilt vor allem bei einer veganen Ernährung, bei der tierische Produkte als Eiweißlieferanten wegfallen.

In diesem Kochbuch finden Sie viele vegetarische Gerichte. Darüber hinaus sind die meisten Rezepte der Kapitel „Frühstück", „Kraftpakete für unterwegs" und „Post-Workout" so angelegt, dass man sie je nach Vorliebe mit oder ohne Fleisch zubereiten kann.

Hydratation

Bei allem Reden über Ernährung sollten wir eine meiner persönlichen Obsessionen nicht außer Acht lassen: die richtige Hydratation. Während wir wochenlang ohne Essen auskommen können, leben wir ohne Wasser nur ein paar Tage. Das Gleiche gilt für die Leistungsfähigkeit. Der Körper speichert genügend Glykogen und Fett, um uns auch ohne zu essen Anstrengungen von vielfältiger Intensität und Dauer zu ermöglichen, aber ohne zu trinken könnten wir diese Leistung nicht abrufen.

Ähnlich wie bei unserer Essensphilosophie glauben wir, dass der Schlüssel zu guter Hydratation darin liegt, die besten Zutaten zu verwenden und überflüssige künstliche Stoffe wegzulassen. Das heißt nicht, dass während des Trainings nur Wasser getrunken werden soll. Ganz im Gegenteil, es gibt keine Situation, in der – insbesondere bei Hitze und starkem Schwitzen – Wasser besser wäre als ein Sportdrink mit einer etwa vierprozentigen Kohlenhydratlösung (4 Gramm pro 100 Milliliter oder 80 Kilokalorien pro 500-Milliliter-Standard-Sportflasche) und etwas Natrium (300 bis 400 Milligramm pro 500-Milliliter-Flasche).

Während des Trainings oder Rennens sollten Sie genug trinken, um nicht mehr als drei Prozent Ihres Körpergewichts zu verlieren. Am besten und einfachsten kontrollieren Sie Ihren Hydratationsstatus, wenn Sie sich vor und nach der Anstrengung wiegen.

In der Küche

Wie wir Makronährstoffe verwenden

KOHLENHYDRATE

Mit Kohlenhydraten gehen wir in diesem Buch großzügig um, da es für Ausdauerathleten geschrieben ist, die beim Training jede Menge Kalorien verbrennen. Ausdauerathleten brauchen Energie, insbesondere Energie aus Kohlenhydraten, die als Glykogen in den Muskeln und in der Leber gespeichert sind. In vielerlei Hinsicht ist Glykogen eine jener Substanzen, die unser Leistungsvermögen am stärksten steigern können. Angesichts der Kontroverse über leistungssteigernde Mittel und des weit verbreiteten Irrglaubens, dass Athleten ohne solche Drogen nicht siegen könnten, ärgert es mich besonders, wenn Athleten nicht genug essen und einen Hungerast erleiden. Tatsächlich liegt das Problem, wenn ein Athlet über Müdigkeit klagt oder seine Leistung nicht abrufen kann, oft daran, dass sein Muskelglykogen aufgebraucht ist – was sich aber sehr leicht durch eine verstärkte Kohlenhydrataufnahme beheben lässt, also indem der Athlet Nudeln, Reis, Kartoffeln, Brot, Couscous oder Vollkorngetreide isst.

PROTEINE

Was den Fleischverzehr angeht, enthalten die meisten unserer Rezepte Hühner- oder Rindfleisch, gelegentlich auch Schweinefleisch oder Fisch. Natürlich verwenden wir auch viele Eier, und um den Gerichten mehr Geschmack zu verleihen, wird auch mit kleinen Mengen Frühstücksspeck (Bacon) gekocht. Wir bevorzugen in der Regel die Proteine von Hühner- und Rindfleisch sowie von Eiern, da die meisten unserer Athleten diese Lebensmittel gern essen, sie einfach zuzubereiten sind und man sie unterwegs leicht bekommt. Außerdem trägt der hohe Eisengehalt von dunklem Fleisch wie Rind dazu bei, dass Athleten nicht anämisch werden.

FETT

Verwenden Sie Olivenöl oder Butter, keine Margarine. Nehmen Sie lieber die Vollfett- anstelle der Magerstufe, solange Ihr Magen mitspielt. Es gibt eine Reihe von Gründen, weshalb man keine Angst vor Fett haben sollte:

- **Fett ist ein lebenswichtiger Nährstoff, der für eine Vielzahl von Körperfunktionen eine entscheidende Rolle spielt.**
- **Fett hilft bei der Vitaminaufnahme.**
- **Fett polstert lebenswichtige Organe ab und schützt sie dadurch.**
- **Fett wirkt sättigend, weshalb kleinere, also für Athleten vernünftigere Portionen möglich sind.**
- **Ein Nahrungsmittel der Vollfettstufe kann weniger Kalorien enthalten als seine Mager- oder fettfreie Version.**

Seien wir ehrlich: Fast jedes Gericht schmeckt durch die Zugabe von etwas Fett besser, und Genuss gehört zu einem ausgewogenen Lebensstil einfach mit dazu.

Mahlzeiten zusammenstellen

Es gibt viele Ernährungsratgeber, die Ihnen sagen, was Sie essen sollen und in welchem prozentualen Verhältnis. Auch wenn es manchmal notwendig ist (und die Sache vereinfacht), Mahlzeiten auf diese Zahlenverhältnisse zu reduzieren und anzugeben, dass sie aus 60 Prozent Kohlenhydraten, 25 Prozent Fett und 15 Prozent Eiweiß bestehen sollten – in der Praxis hilft das oft wenig. Ein genaues Ernährungstagebuch zu führen kann Ihnen helfen, intuitiv zu erkennen, wie Sie Ihre Diätziele erreichen, doch ich kenne kaum einen Athleten, der ein solches Tagebuch führt. Die meisten orientieren sich in der Regel daran, was auf dem Tisch steht, und stellen sich daraus ihre Mahlzeit zusammen. Das ist, als würde man eine Konditionstrainingseinheit mit genauen Angaben in Bezug auf Dauer, Intensitätsbereiche und Leistungsabgaben vergleichen mit der Aufgabe, eine Trainingsroute auf einer Karte zu planen und dabei abzuschätzen, wie intensiv die einzelnen Abschnitte zu bewältigen sind. Wir benutzen hier sozusagen die Karte und geben Ratschläge, wie Sie Ihre Mahlzeiten zusammenstellen sollten.

Auch wenn die meisten Rezepte in diesem Buch jeweils einzelne Gerichte ergeben, empfehlen wir, den Tisch so zu decken, dass alles in der Mitte steht und sich jeder nach seinen eigenen Bedürfnissen bedient. Wir beginnen immer mit reichlich Kohlenhydraten als Grundlage: Reis, Hafer, Kartoffeln, Frühstücksflocken, Nudeln oder andere Getreideprodukte. Diese Grundlage liefert den Löwenanteil der benötigten Kalorien, und die Größe der Portionen richtet sich nach Ihrem Hunger.

Nahrungsmittel wie Reis oder Kartoffeln sind hier also nicht als Beilagen zum Hauptgericht zu verstehen, sondern umgekehrt: Fleisch oder andere Eiweißquellen werden zu Beilagen, die die Kohlenhydrat-Grundlage geschmacklich bereichern und ergänzen. In Ländern wie Indien und China, wo für die Mehrzahl der Bevölkerung Proteinquellen knapp sind, serviert man Fleisch üblicherweise auf diese Art, da dann nur wenig für eine komplette Mahlzeit gebraucht wird. Für Ausdauerathleten gilt dasselbe. Viele unserer Eiweiß-Gerichte sind als Saucen oder Eintöpfe konzipiert, mit denen man die Kohlenhydrate geschmacklich abrundet und verfeinert.

Und nachdem für das Geschmackliche gesorgt ist, müssen Sie nur noch darauf achten, immer auch einen großen Salat und jede Menge Grünzeug mit dabei zu haben. Während die Kohlenhydrate den Großteil des Energiebedarfs abdecken, sind Gemüse und Salat wichtig, um eine hohe Nährstoffdichte zu gewährleisten. Sie sind der Schlüssel für eine wirklich gute Ernährung. Meist wird das Gemüse in unseren Rezepten nicht als Rohkost serviert, sondern gebraten, gegrillt, sautiert oder pfannengerührt, wodurch es an Umfang verliert und in größeren Mengen gegessen werden kann. Unmittelbar vor und nach Rennen empfehle ich den Athleten

in der Regel, Obst und Gemüse erst nach dem Hauptgericht zu essen, damit sie zuallererst genügend Kohlenhydrate zu sich nehmen. Beim Training gehen wir dagegen meist umgekehrt vor, damit die Athleten auf die Kalorien achten und ihr Idealgewicht halten können.

Schließlich haben wir noch ein paar Desserts im Angebot. Als Teil einer gut ausgewogenen Diät ist ein bewusst eingeplanter Nachtisch besser, als wenn dauernder Verzicht darauf plötzlich in eine Fressattacke umschlägt. In der Rennsaison ist ein sehr einfaches und häufig serviertes Dessert ein Natur- oder Fruchtjoghurt mit frischem Obst, Honig und den **gerösteten Nüssen von Seite 282.** ★

Hinweise zum Kochen

Bevor Sie zu kochen beginnen, sollten Sie noch ein paar Dinge wissen, um dieses Kochbuch möglichst effektiv benutzen zu können.

Ersetzen Sie ruhig Zutaten durch andere. Es gibt alle möglichen Gründe, Zutaten auszutauschen: um Zeit zu sparen, um Zutaten zu verwenden, die vorrätig sind, oder einfach wegen persönlicher Vorlieben. Sie dürfen nur keine hochwertigen Zutaten gegen industriell verarbeitete Zutaten ohne jeden Nährwert ersetzen.

Austausch erlaubt:

- Tofu oder Sojaproteine für Fleisch
- Naturreis für weißen Reis
- glutenfreie Alternativen
- ein Gemüse gegen ein anderes
- Petersilie für Basilikum usw.

Nicht verwenden:

- künstliche Süßstoffe
- Instantlebensmittel (insbesondere Reis oder Haferflocken)
- gehärtete Fette

Wenn Sie Zutaten ersetzen und das Ergebnis nicht befriedigt, dann versuchen Sie es nochmals mit dem Originalrezept. Viele unserer Rezepte sind recht flexibel, andere aber nicht, vor allem im Kapitel „Kraftpakete für unterwegs“.

Im Notfall können Sie eine Abkürzung nutzen – vor allem, wenn Sie dadurch weniger auf Take-away-Essen zurückgreifen. Wir wissen, dass die Küche für einige Athleten eine gewisse Lernkurve bedeutet. Kaufen Sie so oft wie möglich das echte Produkt, nicht den abgepackten, vorgekochten Ersatz. Versuchen Sie, Ihren Einkaufswagen mit Lebensmitteln zu füllen, die in ihrer eigenen natürlichen Verpackung sind. Aber natürlich gibt es Gelegenheiten, bei denen Sie sich schnell ein Hähnchen vom Hühnerbrater holen, und wir wissen sehr gut, dass die wenigsten Athleten selbst Salsa zubereiten oder Bohnen kochen (obwohl der Nährwert dann meist besser wäre).

Erlaubte Fertigprodukte:

- Dosenbohnen (statt getrockneten Bohnen)
- Salsa
- Pizzateig
- TK-Gemüse (statt frischem Gemüse)

Lassen Sie Raum, um sich in Maßen auch mal zu verwöhnen. Sie werden sehen, dass einige der Zutaten, mit denen wir kochen, bei anderen Leuten auf der „schwarzen Liste" stehen. Hier und da verwenden wir Lebensmittel, die nicht unbedingt als gesund gelten. Wir halten uns an den Grundsatz: Die Dosis macht das Gift. Exzessiv konsumiert kann jedes Essen ungesund sein, doch wenn wir Nahrungsmittel maßvoll zu uns nehmen, können wir großes Wohlbefinden und einen guten Nährwert miteinander vereinbaren.

Erlaubte Leckereien (in Maßen):

- Schweinefleisch, Frühstücksspeck (Bacon), rotes Fleisch, Hähnchenschenkel
- Käse
- Dessert

Halten Sie vorgegarte Grundnahrungsmittel vorrätig. Viel Zeit kann man bei unseren Rezepten sparen, wenn man einen Vorrat der am häufigsten verwendeten Zutaten vorkocht oder vorbereitet: Nudeln, Reis, Kartoffeln, Getreide, Gemüse und bestimmte Fleischsorten. Wenn wir zwischendurch Zeit haben, kochen wir Nudeln und Reis vor, schneiden und braten das Fleisch, das wir für Eintöpfe und Burritos verwenden, und schneiden schon einmal jede Menge Gemüse zum Kochen oder Entsaften. Wenn dann der Hunger zuschlägt, haben wir im Nu Wasser gekocht oder eine Pfanne heiß gemacht, um wieder Leben in unsere vorbereiteten Speisen zu bringen.

Wenn Sie sich die Rezepte in den Kapiteln Frühstück und Post-Workout ansehen, werden Sie merken, dass oft Zutaten mit dem Vermerk „gegart" aufgeführt sind. Eine Box mit fertig vorbereitetem Reis oder Nudeln im Kühlschrank zu haben, spart schon einmal 10 bis 15 Minuten, egal ob man sich vor einer anstrengenden Einheit Reis und Eier kocht oder sich nach der Rückkehr halb verhungert einen Hähnchen-Honig-Wrap rollt. Im Kapitel „Grundlagen" erklärt ein Abschnitt mit der

VON FLEISCHBÄLLCHEN LEBEN

In Boulder, Colorado gab eines Tages die Kühlpumpe meiner Gefriertruhe endgültig den Geist auf. Um die Sache zusätzlich zu verkomplizieren, war die Truhe vollgepackt mit einem Viertel einer Kuh aus Freilandaufzucht. Plötzlich musste also eine Menge Fleisch auf die Schnelle gegart werden. An diesem Abend fabrizierte ich zusammen mit einigen Athleten so viele Fleischbällchen, dass wir eine Armee damit hätten ernähren können. Zur Feier des Tages kochten wir uns ein klassisches Gericht aus Spaghetti mit Fleischbällchen. Diese Fleischbällchen waren so lecker und so zahlreich, dass die Athleten am nächsten Tag nach dem Training Fleischbällchen auf Reis aßen und ich mir später am Abend noch ein paar Mini-Burger aus ihnen zubereitete. Und dann kochten wir auch noch mal Nudeln. Sie wissen, was ich meine. Anschließend machten wir dann eine Zeit lang einen Bogen um Fleischbällchen. ★ **Verpassen Sie auf keinen Fall Bijus Hackbällchen auf Seite 240.**

Überschrift „Gegart und vorbereitet", wie man seine Lieblings-Kohlenhydrate und -Proteine am besten vorbereitet.

Viele unserer Gerichte lassen sich auch gut einfrieren. Bereiten Sie sie also vor, solange Sie Zeit haben, dann sind sie schnell verfügbar, wenn Sie Hunger haben.

Unser Essen soll vollständig verwertet werden. Eine der besten Dinge, die ich von Biju gelernt habe, ist die Kunst der Verwertung von Essensresten. Diese Fähigkeit schont nicht nur den Geldbeutel und reduziert Abfall, sie ist auch der Schlüssel zu selbst gekochten Gerichten, die im Nu fertig sind. Viele der Speisen fürs Abendessen können auch die Grundlage für Essen zum Mitnehmen oder für schnelle Gerichte unmittelbar nach einem Training dienen. Wir verwenden beispielsweise oft übrig gebliebenes Fleisch, Reis und Kartoffeln als Basis für Burritos. Mit etwas Salsa und Käse sind diese Burritos der Hit, sowohl als Snack als auch unmittelbar nach dem Rennen.

Die wichtigsten Zutaten

Aufbauend auf diese Prinzipien möchten wir einige der wichtigsten Zutaten in unseren Rezepten erläutern, über die Sie möglicherweise Vorurteile haben oder mit denen Sie nicht vertraut sind.

REIS

Wir verwenden oft geschälten, also weißen Reis für unsere Athleten, da er schneller gart, einen hohen glykämischen Index hat (was unmittelbar nach dem Training gut sein kann), und wir aufgrund unseres jeweiligen kulturellen Hintergrunds mit Reis sehr vertraut sind. Naturreis ist für die meisten Rezepte ein guter Ersatz (mit Ausnahme von Reisriegeln).

Seien Sie vorsichtig beim Austauschen von Reissorten. In vielen Fällen empfehlen wir Calrose- und Jasminreis, auf jeden Fall bei Reisriegeln. Manchmal verwenden wir auch Basmatireis, doch niemals für Reisriegel, da dieser Reis nicht klebt. Instantreis oder Reis für die Mikrowelle sollten Sie für kein Gericht in diesem Buch verwenden. Warum? Weil das Essen damit, wenn es überhaupt gelingt, nicht gut schmeckt – und weil Biju und ich es als persönliche Beleidigung auffassen würden.

EIER

Wir verwenden Eier, und zwar viele davon. Eier enthalten eine gewisse Menge Cholesterin, und für viele Menschen ist das gleichbedeutend mit der Gefahr einer Erhöhung des Cholesterinspiegels im Blut und damit eines erhöhten Risikos von Herz- und Kreislauferkrankungen. Das Verhältnis von Cholesterin in der Nahrung und Cholesterin im Blut wird von einer ganzen Reihe von Faktoren beeinflusst, insbesondere von körperlicher Aktivität und Vererbung. Wenn Sie körperlich nicht aktiv sind, ist es sicher nicht verkehrt, den Eierkonsum im Verlauf einer Woche auf durchschnittlich ein bis zwei täglich zu beschränken. Wenn es in Ihrer Familie häufig hohe Cholesterinwerte gibt oder Sie wissen, dass Sie einen hohen Cholesterinspiegel haben, dann wissen Sie wahrscheinlich bereits, dass Sie mit Eiern in Ihrer Ernährung vorsichtig sein sollten.

Es stimmt aber auch, dass Eier eine sehr einfache und bequeme Quelle von sehr hochwertigen Proteinen sind. Die Qualität von Proteinen wird auf einer Skala gemessen, auf der 1,0 den höchsten Wert darstellt. Das Eiweiß (Eiklar) ist das einzige Protein, das den Wert 1,0 erreicht – im Endeffekt werden alle anderen Proteinquellen daran gemessen. Cholesterin wiederum ist ein wesentlicher Baustein für alle muskelbildenden Hormone des Körpers und damit ein lebenswichtiger Nährstoff. Cholesterin in der Nahrung bedeutet keineswegs einen sicheren Herzinfarkt, so wie auch Zucker allein einen nicht zum Diabetiker macht. Wenn Sie Bedenken haben, besprechen Sie sich mit Ihrem Arzt, lassen Sie sich regelmäßig untersuchen und lernen Sie Ihren Körper kennen. Dass wir in unserem Kochbuch Eier verwenden, enthebt Sie weder Ihrer Verantwortung für sich selbst, noch beschwört es den Weltuntergang herauf.

ZUCKER

Zucker ist eine wichtige Energiequelle für Ausdauersportler. Bei langen Wettkämpfen können beispielsweise simple Zucker, insbesondere in Sportdrinks, den Großteil der verbrauchten Kalorien wettmachen. Stellen Sie sich vor, dass einer der Athleten all diese Kalorien in fester Form zu sich nehmen müsste. Er würde so viel Stuhlgang produzieren, dass er am Tag darauf buchstäblich fünf Stunden auf der Toilette säße. Mit anderen Worten: Nur weil Zucker in der Regel mit ungesunder Nahrung in Verbindung gebracht wird, heißt das noch lange nicht, dass

er nicht auch eine gute Rolle in selbst zubereiteten vollwertigen Gerichten oder in Sportdrinks während eines Rennens spielen könnte. Sie können in unseren Rezepten die Zuckerart meist nach Belieben austauschen: brauner Zucker, Honig, Ahornsirup, Agavendicksaft. Brauner Zucker ist am erschwinglichsten und am leichtesten erhältlich, alle aber sind echte Zucker.

SALZ

Natrium ist einer der wichtigsten Elektrolyte im menschlichen Körper. Es steuert die Funktionen in jeder Zelle unseres Körpers, leitet elektrische Signale im Nervensystem weiter und spielt eine lebenswichtige Rolle im Flüssigkeitshaushalt. Durch sportliche Anstrengung verlieren wir eine Menge Salz und andere Elektrolyte – zwischen 700 und 1000 Milligramm Natrium pro Liter Schweiß beziehungsweise etwa 350 bis 500 Milligramm pro 500-Milliliter-Standardflasche Sportdrink. Die wenigsten Sportdrinks enthalten genug Natrium, das heißt, wenn wir nicht ausreichend Natrium durch die Ernährung aufnehmen, droht während des Trainings oder Rennens eine Verschlechterung der Funktionen. Paradoxerweise können wir sogar leichter dehydrieren, wenn wir nur reines Wasser

FRISCH GEPRESSTE SÄFTE

Die Nährstoffdichte in der Ernährung von Athleten wird durch Säfte erheblich verbessert. Sie können dadurch mehr Obst und Gemüse zu sich nehmen, ohne befürchten zu müssen, ihren Magen-Darm-Trakt mit einer zu großen Menge an Ballaststoffen zu überfordern. Vor und nach dem Training profitiert man besonders von Säften.

Insbesondere Rote-Bete-Saft enthält viele Nitrate. Neuere Studien haben gezeigt, dass diese tatsächlich den mechanischen Wirkungsgrad verbessern können, was bedeutet, dass bei der gleichen Menge verbrauchter Sauerstoff oder verbrannter Energie mehr Kraft erzeugt wird. Die Fähigkeit, mehr Kraft hervorzubringen, ohne dabei mehr Energie zu verbrauchen, kann besonders bei schweren Rennen enorme Auswirkungen haben. Und das mit einem einfachen Glas Rote-Bete-Saft pro Tag – nicht schlecht!

Bailey, S. J., P. G. Winyard, A. Vanhatalo, J. R. Blackwell, F. J. Dimenna, D. P. Wilkerson et al. 2009. Ergänzende Nitratzufuhr durch die Ernährung verringert den O_2 -Verbrauch bei wenig intensivem Training und verbessert die Verträglichkeit von hoch intensivem Training bei Menschen. *Journal of Applied Physiology* 107(4): 1144–1155. › Lansley, K. E., P. G. Winyard, J. Fulford, A. Vanhatalo, S. J. Bailey, J. R. Blackwell et al. 2011. Ergänzende Nitratzufuhr durch die Ernährung verringert den O_2 -Verbrauch beim Gehen und Laufen: eine placebokontrollierte Studie. *Journal of Applied Physiology,* 110(3): 591–600. › Larsen, F. J., E. Weitzberg, J. O. Lundberg und B. Ekblom, 2010. Nitratzufuhr durch die Ernährung verringert den maximalen Sauerstoffverbrauch bei gleichzeitigem Erhalt der Arbeitsleistung im Maximaltraining. *Free Radical Biology and Medicine,* 48(2): 342–347.

KÜNSTLICHE SÜSSSTOFFE

Süßstoffe in Lebensmitteln sind ein politisches – und schmutziges – Thema. 1958 verabschiedete der US-Kongress die Delaney Clause, ein Gesetz, das innerhalb des Lebensmittelsystems der USA jegliche Zutat in jeglicher Dosis verbot, die Krebs bei Menschen oder Tieren hervorrufen konnte. 1977 stellte eine kanadische Studie fest, dass Ratten, die mit hohen Dosen des Süßstoffs Saccharin gefüttert wurden, Krebs entwickelten; daraufhin kündigte die Lebensmittelaufsichtsbehörde FDA das Verbot von Saccharin an (Arnold et al., 1977, toxikologische Langzeitstudie mit Ortho-toluol-sulfonamid und Saccharin, *Toxicology and Applied Pharmacology* 41(164), Abstract no. 78). Aber die Leute wollten auf ihre Diät-Limo nicht verzichten, darum überstimmte der Kongress die FDA und verschob das Verbot um zwei Jahre, um weitere Forschungen abzuwarten. Dieses Moratorium ist immer noch in Kraft, und zwi-

trinken, da der Körper dann den Ausstoß von Urin steigert, um den Natriumgehalt aufrechtzuerhalten. Natürlich gibt es salzempfindliche Personen, deren Blutdruck gefährlich ansteigen kann, wenn sie zu viel Salz aufnehmen. Wenn Sie sich richtig aufgebläht fühlen und Ihr Blutdruck an die Decke geht, wenn Sie zu stark salzen, dann tun Sie das Naheliegende und stellen den Salzstreuer weg. Es gibt eine Reihe von Natriumquellen in unseren Gerichten. Für die meisten Rezepte in diesem Buch werden Meersalz oder salzarme Sojasauce benötigt. Beides können Sie gegeneinander austauschen.

Küchengeräte

Wir haben uns Mühe gegeben, dass Sie unsere Gerichte mit der Grundausstattung an Töpfen, Pfannen und Rührschüsseln zubereiten können, die in den meisten Küchen sowieso vorhanden sind. Es gibt aber einige Küchengeräte, die wir unschätzbar wertvoll finden und die Sie womöglich nicht haben:

Reiskocher: Einfache automatische Reiskocher werden heute in jedem Kaufhaus angeboten. Für einen ähnlichen Betrag (zwischen 20 und 60 Euro) bekommen Sie im Asialaden aber wahrscheinlich ein viel schöneres Gerät mit verschließbarem Deckel. Für Singles oder Paare reicht ein Reiskocher mit einem Liter Inhalt, wenn Sie für eine Gruppe oder eine größere Familie kochen, ist ein 2-Liter-Gerät die bessere Wahl.

Schongarer: Im Kapitel „Post-Workout" gibt es einige Eintopfgerichte, die in einem Schongarer (auch unter dem Namen Slow Cooker oder Crockpot bekannt) gegart und dann mit Reis oder Nudeln serviert werden. Einige Speisen aus dem Kapitel „Abendessen" können ebenfalls auf diese Weise zubereitet werden. Das Angenehme an einem Schongarer ist, dass man alle Zutaten einfach hineinwerfen und dann zum Training gehen kann: Wenn Sie zurückkommen, ist das Essen fertig. Als Alternative geht auch ein schwerer Gusseisentopf, allerdings sollten Sie ein Post-Workout-Gericht darin schon am Abend vorher zubereiten, um ihn nicht unbeaufsichtigt zu lassen (länger als zwei Stunden werden Sie Ihr Essen ohnehin nicht darin köcheln lassen wollen).

Kleine Küchenmaschine: Bevor Sie eine halbe Stunde damit verbringen, Gemüse zu schnippeln, besorgen Sie sich lieber eine Küchenmaschine. Sie gewinnen Zeit zum Essen und zum Entspannen.

Entsafter: Eine elektrische Saftpresse, die das Obst oder Gemüse vor dem Pressen zerkleinert, ist einfacher in der Handhabung und Reinigung als billigere Alternativen. Sie liefert außerdem mehr und besser schmeckenden Saft. Wir haben verschiedene Entsafter getestet und glauben, dass eine solide elektrische Saftpresse die Anschaffung wert ist.

Um das alles in die richtige Perspektive zu rücken, sei angemerkt, dass wir mit den von

schenzeitlich sind andere künstliche Süßstoffe hinzugekommen. Obwohl gezeigt wurde, dass Versuchstiere Krebs entwickeln, wenn man ihnen bestimmte Süßstoffe gibt, sind die künstlichen Süßungsmittel bis heute die einzigen Ausnahmen der Delaney Clause und werden von den herrschenden Kräften als „generally recognized as safe (GRAS)" eingestuft. Hm. Als „irgendwie so etwas wie sicher" also?

Die Sportlerküche

Ein paar Grundnahrungsmittel sollten Athleten immer vorrätig haben:

IM KÜHLSCHRANK

- Obst und Gemüse der Saison
- Eier
- Proteine (Hühner- oder Rindfleisch oder pflanzliche Proteine)
- Tortillas (Vollkornweizen, Mais)
- Joghurt
- Milch (Mandel-, Reis-, Kuhmilch)
- Parmesan
- Obst- und Gemüsesaft
- Nussaufstrich (Haselnuss-, Mandel-, Erdnusscreme)
- frische Zitrusfrüchte (Zitronen, Limetten)
- frische Kräuter (Petersilie, Basilikum)

IM VORRATSSCHRANK

- Reis (Calrose, Jasmin)
- Teigwaren (Couscous, Orzo = reisförmige Nudeln aus Hartweizengrieß, Capellini = sehr dünne Spaghetti mit kurzer Kochzeit)
- Körner (Quinoa)
- Kartoffeln (mehlig kochende, Süßkartoffeln)
- Mehl (auch glutenfrei)
- Bohnen (Dosen oder getrocknet)
- Fisch, z. B. Dosenthunfisch
- Brühe (Hühner- oder Gemüsebrühe)
- Öl (Oliven-, Traubenkern-, Rapsöl)
- Essig (Balsamico, Rotwein-, Apfelessig)
- Meersalz- und Pfeffermühle
- Gewürze (Zimt, Chilipulver, Kreuzkümmel, Currypulver, Muskatnuss)
- Sojasauce, salzarm
- scharfe Saucen (Sambal, Tabasco, Sriracha = Chilisauce)
- Süßungsmittel (brauner Zucker, Rohzucker, Honig, Ahornsirup, Agavendicksaft, Konfitüre, Melasse)

Auch einige Küchengeräte und -werkzeuge werden natürlich benötigt:

KÜCHENGERÄTE

- Reiskocher
- Küchenmaschine (klein, nicht teuer)
- Standmixer
- Schongarer

Optional

- Entsafter
- schwerer Suppentopf
- Dutch Oven

ANDERE KÜCHENUTENSILIEN

Zum Kochen

- 25-cm-Sautierpfanne (= Pfanne mit hohem Rand)
- 4,5 bis 6 Liter fassender Topf
- Backblech
- 20 bis 23 cm große rechteckige Backform
- Muffinblech

Zur Vorbereitung

- Schneidbrett aus Kunststoff
- Messer unterschiedlicher Größe
- Messbecher
- 20 bis 25 cm große Rührschüssel aus Edelstahl
- Pfannenwender und Kochlöffel
- Sieb

Man braucht keine üppig ausgestattete Küche, um gutes Essen zuzubereiten. Wir kochen viel unterwegs.

uns betreuten Athleten viel auf Reisen sind: Sehr viele Mahlzeiten bereiten wir unterwegs auf einem zweiflammigen Butangasherd und einem einflammigen Propangas-Campingkocher zu. Dabei verwenden wir nur zwei Töpfe, zwei Pfannen, zwei Reiskocher, zwei Rührschüsseln, eine Küchenmaschine, eine große Brownie-Backform, unsere eigenen verschiedenen Messer und sonstigen Utensilien sowie eine Saftpresse.

★★★

Schließlich sollten Sie sich darüber im Klaren sein, dass die Gerichte in diesem Buch die Grundlage für eine sehr gute Ernährung bilden, sie aber nicht das Einzige sind, was wir unseren Athleten zu essen geben. Beispielsweise essen unsere Jungs jede Menge Zerealien zum Frühstück – von einem Abendessen, das ausschließlich aus Zerealien besteht, rate ich aber immer noch ab. Abhängig davon, wie das Rennen war und ob die Reiskocher parat stehen, verabreichen wir unseren Athleten unmittelbar nach dem Rennen immer noch Proteindrinks oder hochkalorische Energiedrinks, um die Regeneration des Muskelglykogens und des Flüssigkeitshaushalts zu unterstützen. Und trotz unserer Bemühungen, die meisten Bedürfnisse bei der Ernährung der Athleten nur durch das Essen zu erfüllen, gibt es genug Gelegenheiten, zusätzlich Nahrungsergänzungsmittel wie Multivitaminprodukte, Eisen, Fischöl, Vitamin C und Kalzium zu verabreichen. Insofern ist dieses Buch keine umfassende Abhandlung über Diät und Ernährung. Was Sie auf den folgenden Seiten finden, ist ein kleiner Auszug dessen, was wir und unsere Athleten essen. Wir hoffen, dass diese Rezepte Sie auf gute Ideen bringen, Ihnen das Kochen schmackhaft machen und Ihnen die Prinzipien nahebringen, die unserer Haltung zum alltäglichen Essen zugrundeliegen. Am wichtigsten ist uns aber, herauszustellen, dass vollwertige Mahlzeiten wesentliche Vorteile im Sport und im Leben bringen.

FRÜHSTÜCK

Allgemein heißt es, das Frühstück sei die wichtigste Mahlzeit des Tages, da es die erste Mahlzeit des Tages ist. In der Welt des Ausdauersports aber ist es die wichtigste Mahlzeit des Tages, weil es in der Regel die erste Mahlzeit vor einem Training oder Wettkampf ist.

Daher enthält dieses Kapitel viele Gerichte, die schnell zubereitet und leicht verdaulich sind. Sie sind aber nicht auf den Morgen beschränkt, sondern empfehlen sich auch für tagsüber, insbesondere als schon vorbereitete Snacks, die Ihnen helfen, den Blutzuckerspiegel kurz vor dem Rennen hoch zu halten.

Wenig aufwendig und einfach sind die Rezepte für Frühstücksgerichte „Aus der Schüssel“ – Porridge aus Haferflocken beispielsweise oder süßer Reisbrei. Dann gibt es auch das Frühstück „Auf die Hand“, das eingepackt und unterwegs gegessen werden kann – dabei eignen sich Kartoffelpuffer und Burritos auch zum Verzehr unterwegs, zum Beispiel auf dem Fahrrad. Die Gerichte „Für den großen Hunger“ sind für die Zeiten gedacht, in denen viele Kalorien gebraucht werden und man in aller Ruhe verdauen kann. In der Rennsaison stehen bei uns immer Gerichte aller drei Kategorien auf dem Frühstückstisch.

AUS DER SCHÜSSEL

AUF DIE HAND

FÜR DEN GROSSEN HUNGER

PORTIONSANGABEN

In diesem Buch sind die Portionen in der Regel größer als üblicherweise. Wer gerade kein Training absolviert, sollte deshalb etwas weniger essen oder weniger Zucker verwenden, um Kalorien zu sparen. Die zusätzlichen Kalorien sind jedoch hilfreich, wenn Sie morgens trainiert haben oder in Regenerationsphasen.

V Vegetarisch
G Glutenfrei

Dieses Rezept dient als Grundlage für ein Granola-Knuspermüsli, dem Sie Nüsse und Trockenfrüchte aller Art hinzufügen können. ★

PORTIONEN 8
ZUBEREITUNGSZEIT 5 Minuten Vorbereitung, 1 Stunde Backzeit

Granola

Anstelle von Öl, das vor dem Backen als feuchte Zutat unter die meisten Knuspermüslis gemischt wird, verwenden wir in diesem Rezept Apfelsaft und Ahornsirup oder Agavendicksaft. Es gibt unzählige Möglichkeiten, sich Granola schmecken zu lassen: als Frühstücksmüsli, das mit heißer Milch übergossen ein schnell zubereitetes und gesundes morgendliches „Porridge" ergibt, oder mit Joghurt vermischt als Zwischenmahlzeit am Nachmittag.

400 g kernige Haferflocken

100 g brauner Zucker

100 g ungesüßte Kokosraspel

1 reife Banane

125 ml Ahornsirup oder Agavendicksaft

60 ml naturtrüber Apfelsaft

ZUTATEN NACH WAHL

(jeweils bis zu 8 EL dazugeben)

Mandelblättchen

gehackte Cashewkerne

Pinienkerne

Sultaninen

getrocknete Goji-Beeren (aus dem Reformhaus oder Bioladen)

Korinthen

1. Den Backofen auf 150 °C vorheizen.
2. In einer großen Schüssel Haferflocken, Zucker und Kokosraspel vermischen.
3. Die Banane mit Ahornsirup oder Agavendicksaft und Apfelsaft im Mixer glatt pürieren.
4. Die Bananen-Mischung zu den Haferflocken in die Schüssel geben und unterrühren. Eventuell etwas Apfelsaft zugießen, sollte das Granola zu trocken sein.
5. Granola auf einem mit Backpapier belegten Backblech verstreichen und das Blech für 45 Minuten in den Ofen schieben.
6. Zutaten nach Wahl zufügen, durchmischen und das Granola 10–15 Minuten weiterbacken, bis es die gewünschte hell- bis goldbraune Farbe angenommen hat. Vollständig abkühlen lassen.

Ergibt etwa 750 g. In einem luftdicht verschlossenen Behälter bis zu einer Woche im Kühlschrank aufbewahren.

NÄHRWERTE/PORTION (etwa 100 g) 453 kcal • **Fett** 12 g • **Natrium** 6 mg • **Kohlenhydrate** 83 g • **Ballaststoffe** 10 g • **Eiweiß** 13 g

Nährwertangaben zu weiteren Zutaten finden Sie im Anhang.

PORTIONEN 2
ZUBEREITUNGSZEIT 10 Minuten,
über Nacht im Kühlschrank aufbewahren

Müsli

Für Athleten, die sich morgens keine großen Gedanken über ihr Frühstück machen wollen, ist es geradezu ideal. Bereiten Sie das Müsli abends frisch zu und stellen Sie es bis zum nächsten Morgen in den Kühlschrank. Reste davon sind ein leckerer Snack nach dem Training.

100 g kernige Haferflocken

250 ml Milch

60 g Joghurt

1 kleiner Apfel, gewürfelt

4 EL gehackte Pekan- oder Walnusskerne

etwas gemahlener Zimt

ZUTATEN NACH WAHL

2 EL Honig oder Ahornsirup

1 Banane, zu Mus zerdrückt

4 EL Apfelmus

frisches Obst

1. Alle Zutaten (auch die Ihrer Wahl) in einer mittelgroßen Schüssel gründlich vermischen.

Die Schüssel abdecken und über Nacht in den Kühlschrank stellen.

NÄHRWERTE/PORTION 479 kcal • **Fett** 15 g • **Natrium** 79 mg • **Kohlenhydrate** 76 g • **Ballaststoffe** 10 g • **Eiweiß** 19 g
Nährwertangaben zu weiteren Zutaten finden Sie im Anhang.

PORTIONEN 2
ZUBEREITUNGSZEIT 10–15 Minuten

Bijus Porridge

Für professionelle Ausdauersportler bilden Weißbrot oder auch Reis oder Pasta üblicherweise den Grundstock ihres Frühstücks vor einem Rennen. Nicht zu unterschätzen ist der morgendliche Haferbrei, der durchaus das Zeug hat, Champions hervorzubringen. Probieren Sie doch einmal Bijus Porridge – wir hoffen, dass es auch für Sie ein morgendlicher Topfavorit werden wird.

250 ml Wasser

1 Msp. Salz

100 g kernige Haferflocken

250–500 ml Milch, je nach gewünschter Konsistenz

1 EL brauner Zucker

1 EL Melasse (Zuckerrohr-Sirup; aus dem Reformhaus oder Bioladen)

1 Banane, in Stücke geschnitten

4 EL Rosinen

ZUTATEN NACH WAHL

geröstete Nüsse (siehe Seite 282)

1. Das Wasser in einen mittelgroßen Topf gießen, salzen und zum Köcheln bringen. Haferflocken einstreuen und unter gelegentlichem Rühren 5 Minuten garen.
2. Milch und Zucker unterrühren und die Mischung erneut zum Köcheln bringen. Melasse, Bananenstücke und Rosinen einrühren und so lange weiterrühren, bis der Brei die gewünschte Konsistenz angenommen hat. Den Topf vom Herd nehmen und das Porridge möglichst noch 10–15 Minuten ruhen lassen.

Das Porridge mit einer Prise gemahlenem Zimt und etwas Milch abrunden.

TIPP Sie können für das Porridge jede Art von Milch verwenden, also Kuhmilch, Soja- oder Mandelmilch. Rühren Sie zunächst nur 250 ml unter und gießen Sie dann erst weitere Milch zu, bis der Haferbrei die von Ihnen gewünschte Konsistenz hat.

NÄHRWERTE/PORTION 490 kcal • **Fett** 6 g • **Natrium** 181 mg • **Kohlenhydrate** 102 g • **Ballaststoffe** 10 g • **Eiweiß** 19 g

★ Auf Seite 282 erfahren Sie, wie einfach sich die gerösteten Nüsse herstellen lassen.

PORTIONEN 2
ZUBEREITUNGSZEIT 10 Minuten

Quinoa mit Beeren

Eine hervorragende glutenfreie Alternative zu klassischen Frühstückszerealien sind die auch Inkareis genannten Quinoa-Körner. Wir servieren Quinoa gern warm mit unseren Lieblingsbeeren und -nüssen. Köstlich schmeckt sie auch mit pochierten Eiern oder Joghurt.

175 g Quinoa-Körner, abgespült und abgetropft

250 ml Wasser

250 ml Milch

1 Msp. Salz

1–2 EL Honig

75 g frische Heidelbeeren

gehackte Walnuss- oder Pekannusskerne (nach Belieben)

1. In einem mittelgroßen Topf Quinoa-Körner mit Wasser, Milch und Salz vermengen und die Mischung behutsam bis zum Siedepunkt erhitzen. Darauf achten, dass die Milch nicht überkocht. Anschließend auf kleiner Stufe im offenen Topf sanft köcheln lassen, bis fast die gesamte Flüssigkeit verdampft ist.
2. Den Honig unterrühren, anschließend den Topf verschließen und die Quinoa noch ein paar Minuten ziehen lassen.

Quinoa mit den frischen Beeren anrichten und nach Belieben zusätzlich mit gehackten Nüssen, Joghurt oder ein wenig braunem Zucker verfeinern.

NÄHRWERTE/PORTION 426 kcal • **Fett** 6 g • **Natrium** 356 mg • **Kohlenhydrate** 78 g • **Ballaststoffe** 7 g • **Eiweiß** 18 g
Nährwertangaben zu weiteren Zutaten finden Sie im Anhang.

Auf Seite 298 finden Sie das Rezept für die schmackhafte Paprikamayonnaise.

PORTIONEN 2
ZUBEREITUNGSZEIT 15–20 Minuten

Pita mediterran

Mit viel frischem Gemüse gefüllt, ist diese Pita das ideale Gericht nach einem langen Training oder an einem Regenerationstag. Wie bei all unseren Rezepten können Sie auch Fleisch dazugeben, besonders gut schmeckt hier Gyrosfleisch vom Lamm. Sollten Sie die Pita vor einer Einheit essen, verwenden Sie anstelle des Gemüses gedämpften Reis oder Kartoffeln, die kohlenhydratreicher sind.

FÜR DAS GEMÜSE

1 Handvoll (etwa 25 g) gemischtes Blattgemüse

½ Salatgurke, gewürfelt

½ Tomate, gewürfelt

¼ Zwiebel, gewürfelt

1 EL glatte Petersilienblätter, grob gehackt

FÜR DAS DRESSING

4 EL Naturjoghurt

1 EL Olivenöl

Saft von 1 Zitrone

2 Pitas

Olivenöl

2 Eier

4 EL mageres Gyrosfleisch vom Lamm

4 EL zerbröckelter Schafskäse

1. Für das Gemüse die Zutaten in einer großen Schüssel mischen.
2. In einer kleinen Schüssel die Dressing-Zutaten verrühren. Etwas Wasser zufügen, wenn Sie griechischen Joghurt verwenden. Dressing mit Salz und Pfeffer abschmecken.
3. Pitas mit Olivenöl bestreichen und in einer Pfanne erwärmen. Inzwischen die Eier in einer zweiten Pfanne zu Rühreiern braten. Sobald sie gestockt sind, das Fleisch in der Pfanne kurz braten. Beide Pfannen vom Herd nehmen.

Pitas mit dem Gemüse (bzw. mit Reis oder Kartoffeln) belegen oder füllen, darauf Rühreier, Fleisch und Schafskäse geben und alles mit Dressing beträufeln. Ein paar Spritzer Zitronensaft runden das Ganze ab.

NÄHRWERTE/PORTION 450 kcal • **Fett** 25 g • **Natrium** 771 mg • **Kohlenhydrate** 39 g • **Ballaststoffe** 2 g • **Eiweiß** 17 g

PORTIONEN 1
ZUBEREITUNGSZEIT 10 Minuten

Sandwich mit Ei und Blattgemüse

Blattgemüse, kombiniert mit dem Aroma von Olivenöl und Zitronensaft, ist Trumpf bei diesem Sandwich. Bereiten Sie es mit dunklem, herb schmeckendem Blattgemüse zu, denn es sorgt nicht nur geschmacklich für einen tollen Kontrast, sondern ist nach dem Training auch eine besonders gute Nährstoffquelle. Am besten eignen sich Senf-, Rüben- oder Kohlblätter, aber auch Grünkohl oder Spinat sind empfehlenswert.

1 große Handvoll Blattgemüse, harte Blattrippen entfernt

2 dicke Scheiben rustikales Weißbrot

Olivenöl

2 Eier, leicht verquirlt

Zitronenspalte

geriebener Parmesan

ZUTATEN NACH WAHL

Tomaten

Salsa

1. In eine flache Pfanne etwa 2,5 cm hoch Wasser gießen, das Wasser leicht salzen und zum Kochen bringen. Blattgemüse darin in 3–5 Minuten garen und zusammenfallen lassen. In ein Sieb abgießen und auf Küchenpapier trocknen lassen.
2. Brotscheiben auf beiden Seiten mit Olivenöl bestreichen und in einer heißen Pfanne oder unter dem Backofengrill ein paar Minuten rösten. Nicht aus den Augen lassen, denn sie verbrennen schnell.
3. In einer Sautierpfanne die Eier nach Geschmack braten.

Zuerst das Blattgemüse, dann die gebratenen Eier auf einer gerösteten Brotscheibe anrichten, etwas Zitronensaft darüberträufeln, mit Parmesan bestreuen und mit Salz und Pfeffer abschmecken. Mit der zweiten Scheibe abdecken.

TIPP Eine exakte Mengenangabe für das Blattgemüse ist nicht notwendig. Im Gegenteil: Auf dieses nährstoffreiche Grünfutter dürfen Sie ganz nach Geschmack zugreifen.

NÄHRWERTE/PORTION 537 kcal • **Fett** 16 g • **Natrium** 700 mg • **Kohlenhydrate** 71 g • **Ballaststoffe** 6 g • **Eiweiß** 28 g
Nährwertangaben zu weiteren Zutaten finden Sie im Anhang.

PORTIONEN 1
ZUBEREITUNGSZEIT 15–20 Minuten

Chorizo-Sandwich mit pochiertem Ei

Chorizo ist eine pikante Paprikawurst, die aus Schweinemett hergestellt wird und sehr beliebt in Spanien und Mexiko ist. Sollte Ihr Metzger sie nicht vorrätig haben, können Sie ersatzweise auch andere Würste wie Cabanossi oder Paprikasalami verwenden. Der ausgezeichnete Geschmack von Chorizo hat leider seinen Preis in puncto Fettgehalt, weshalb wir das Ei hier nicht braten, sondern pochieren.

60–90 g Chorizo

4 EL Zwiebelringe

weißer Tafelessig

1 Ei

2 Scheiben rustikales Weißbrot

Olivenöl

ZUTATEN NACH WAHL

geriebener Parmesan

Basilikum

1. Eine Sautierpfanne auf mittlerer bis hoher Stufe erhitzen. Chorizo und Zwiebelringe darin unter gelegentlichem Rühren 8–10 Minuten braten, bis die Wurst gebräunt ist und die Zwiebelringe weich sind. Überschüssiges Fett abgießen.
2. Zum Pochieren des Eis einen Topf mit Wasser aufsetzen, einen Schuss Essig dazugeben und das Essigwasser zum Köcheln bringen. Das Ei in eine kleine Tasse oder Suppenkelle aufschlagen, vorsichtig ins leicht siedende Essigwasser gleiten und etwa 4–5 Minuten darin ziehen lassen. Das Ei so lange nicht berühren, bis das Eiweiß weiß geworden ist und Sie das Eigelb sehen können. Das pochierte Ei mit einem Schaumlöffel aus dem Wasser heben.
3. Brotscheiben auf beiden Seiten mit Olivenöl bestreichen und in einer heißen Pfanne oder unter dem Backofengrill ein paar Minuten rösten. Nicht aus den Augen lassen, denn sie verbrennen schnell.

Geröstete Brotscheiben auf einen Teller legen. Eine Scheibe mit Chorizo und Zwiebelringen belegen, darauf das pochierte Ei anrichten und nach Belieben mit einem Spritzer Zitronensaft und etwas Olivenöl verfeinern. Mit der zweiten Brotscheibe abdecken.

NÄHRWERTE/PORTION 483 kcal • **Fett** 29 g • **Natrium** 1.085 mg • **Kohlenhydrate** 28 g • **Ballaststoffe** 3 g • **Eiweiß** 25 g

Nährwertangaben zu weiteren Zutaten finden Sie im Anhang.

PORTIONEN 4
ZUBEREITUNGSZEIT 20 Minuten

Süßkartoffelpuffer

Die Kartoffelpuffer schmecken eher herzhaft als süß. Mit Ihrer Lieblingskonfitüre oder mit Joghurt garniert, ergeben sie ein leichtes Frühstück, mit dunkelgrünem Blattgemüse kombiniert (siehe Seite 291), den perfekten Brunch nach dem Training. Wenn Sie Zeit haben, sollten Sie die doppelte Menge zubereiten und sich einen Vorrat im Gefrierfach anlegen.

GEGART **450 g gegarte Süßkartoffeln (geschält)**

2 Eier

2 Scheiben Weißbrot, in Würfel geschnitten

2 EL fein gehackte glatte Petersilienblätter

2 EL fein gewürfelte rote Zwiebeln

1 Msp. geriebene Muskatnuss

4 EL gewürfelter Schweizer Emmentaler

ZUTATEN NACH WAHL

Konfitüre

Naturjoghurt

1. Den Backofen auf 180 °C vorheizen.
2. Die Zutaten bis auf die Käsewürfel in einer Schüssel oder in der Küchenmaschine vermengen.
3. Mit den Händen aus der Masse 4 dicke, runde Kartoffelpuffer mit einem Durchmesser von 8–10 cm formen. In die Mitte der Puffer jeweils 1–2 Käsewürfel drücken, anschließend die Kartoffelmasse über dem Käse wieder gut verschließen.
4. Eine dünn eingeölte Sautierpfanne auf mittlerer bis hoher Stufe erhitzen. Kartoffelpuffer in der Pfanne, gegebenenfalls auch portionsweise, knusprig und goldbraun braten, dabei einmal wenden.
5. Die gebratenen Kartoffelpuffer 10 Minuten in den vorgeheizten Backofen geben, bis sie durch und durch gar sind und der Käse im Inneren geschmolzen ist.

Die Kartoffelpuffer nach Belieben mit Konfitüre, Naturjoghurt oder Olivenöl überziehen.

TIPP **Die Puffer gelingen auch mit glutenfreiem Brot hervorragend.**

NÄHRWERTE/KARTOFFELPUFFER 275 kcal • **Fett** 6 g • **Natrium** 303 mg • **Kohlenhydrate** 45 g • **Ballaststoffe** 3 g • **Eiweiß** 10 g

Nährwertangaben zu weiteren Zutaten finden Sie im Anhang.

PORTIONEN 8
ZUBEREITUNGSZEIT 25 Minuten

Kartoffelauflauf mit Eiern und Speck

In diesem Rezept wird die Kartoffelmasse nicht zu einzelnen Puffern (wie im vorigen Rezept) geformt, sondern in einer Auflaufform gebacken. Sie müssen also nicht so lang am Herd stehen. Einzelportionen des Auflaufs lassen sich gut zum Training mitnehmen oder sind ein leichter Mittagsimbiss. Bevor Sie sich ein Stück einpacken, geben Sie noch einen Schuss Sriacha, scharfe Chilisauce, darüber.

1 mittelgroße Zwiebel, grob gewürfelt

GEGART **1 kg gegarte Kartoffeln (geschält)**

GEGART **4 EL gebratener zerkrümelter Frühstücksspeck**

4 EL gehackte frische Kräuter (Petersilie, Basilikum, Thymian, Estragon – einzeln oder gemischt)

6 Eier, mit je 1 Prise Salz und Pfeffer leicht verquirlt

ZUTATEN NACH WAHL

50 g geriebener Käse

Sriacha (scharfe Chilisauce)

1. Den Backofen auf 180 °C vorheizen.
2. Eine Sautierpfanne leicht einölen und auf mittlerer bis hoher Stufe erhitzen. Zwiebelwürfel darin in etwa 5 Minuten weich und glasig dünsten. Die Pfanne vom Herd nehmen.
3. Kartoffeln in einer großen Schüssel zu einem leicht stückigen Brei zerstampfen. Restliche Zutaten (auch die Ihrer Wahl) zufügen und gründlich untermischen.
4. Die Kartoffel-Ei-Masse in einer gefetteten rechteckigen Back- oder Auflaufform von 23 cm Größe gleichmäßig verteilen und etwa 20 Minuten im Ofen backen, bis sie fest geworden ist. Vor dem Servieren etwa 5 Minuten bei Raumtemperatur ruhen lassen.

TIPP Back- oder Auflaufformen einer bestimmten Größe hat man nicht immer zur Hand. Verwenden Sie das, was Ihr Küchenequipment hergibt. Beachten Sie dabei aber, dass der Auflauf in einer kleineren Form dicker wird und eine etwas längere Backzeit benötigt.

NÄHRWERTE/PORTION 206 kcal • **Fett** 5 g • **Natrium** 141 mg • **Kohlenhydrate** 33 g • **Ballaststoffe** 3 g • **Eiweiß** 8 g
Nährwertangaben zu weiteren Zutaten finden Sie im Anhang.

Unmittelbar vor oder während eines Wettkampfs Gewürze und Salsa sehr sparsam oder gar nicht verwenden. Auch das Fleisch weglassen, wenn Sie die Burritos für unterwegs mitnehmen. Nach einem Rennen oder an einem Regenerationstag sollten Sie die Süßkartoffeln mit Schale zubereiten, da Ihr Körper dann mehr Ballaststoffe braucht. ★

PORTIONEN 6
ZUBEREITUNGSZEIT 20 Minuten

Burritos mit Süßkartoffeln und Eiern

Wenn wir mit Rad- oder Triathlonprofis arbeiten, haben wir immer eine Kühlbox voll mit diesen Burritos dabei, die wir den Jungs dann nach ein paar Stunden auf ihrer Trainingstour reichen. Da die meisten von uns aber nicht von Begleitfahrzeugen verpflegt werden, können Sie den verpackten Burrito einfach in Ihre Tasche stecken und so auf die nächste morgendliche Tour mitnehmen.

GEGART **300 g gegarte Süßkartoffeln**

250 g mageres Putenhackfleisch

6 Eier, leicht verquirlt

½ EL brauner Zucker

6 große Vollkorntortillas (25 cm Durchmesser), erwärmt

8 EL geriebener Cheddar

ZUTATEN NACH WAHL

6 EL Salsa (aus dem Glas)

1 Dose (etwa 480 g Abtropfgewicht) rote Kidney- oder Adzukibohnen, abgespült und abgetropft

2 TL Taco-Gewürz (siehe Seite 301)

gehackte Korianderblätter oder Schnittlauchröllchen

1. Die gegarten Süßkartoffeln (nach Belieben mit oder ohne Schale) zu Brei zerstampfen.
2. Eine dünn eingeölte Sautierpfanne auf mittlerer bis hoher Stufe erhitzen. Das Hackfleisch darin braun und krümelig braten.
3. Zerstampfte Süßkartoffeln, Eier und nach Belieben die Zutaten Ihrer Wahl zufügen und unter Rühren garen, bis die Eier zu weichem Rührei gestockt sind. Die Pfanne vom Herd nehmen.
4. Zucker unterrühren, mit Salz und Pfeffer abschmecken.

Die Masse gleichmäßig auf den warmen Tortillas verteilen, mit geriebenem Käse bestreuen und die Tortillas zu Burritos aufrollen. Dabei unbedingt zuerst die seitlichen Ränder einschlagen, bevor Sie die Längsseite aufrollen (damit die Füllung nicht austritt). Burritos einzeln in Frischhaltefolie wickeln und kalt stellen oder einfrieren.

NÄHRWERTE/BURRITO 352 kcal • **Fett** 5 g • **Natrium** 896 mg • **Kohlenhydrate** 58 g • **Ballaststoffe** 4 g • **Eiweiß** 19 g
Nährwertangaben zu weiteren Zutaten finden Sie im Anhang.

Schnell und einfach sind Gerichte wie dieses mit TK-Gemüse zubereitet – es bedarf nur eines Handgriffs zwischen Gefrierfach und Pfanne. So sparen Sie eine Menge Zeit und Geld, ohne große geschmackliche Kompromisse eingehen zu müssen. ★

PORTIONEN 2
ZUBEREITUNGSZEIT 8–10 Minuten

Gemüsenudeln mit Ei

Viele unserer Frühstücksrezepte sind auch zu jeder anderen Tageszeit empfehlenswerte Mahlzeiten. Nudelgerichte mit Eiern bevorzugen wir besonders dann, wenn große Rennen anstehen. In diesem Rezept sind wir bei der vegetarischen Variante geblieben, aber für eine Extraportion Eiweiß können Sie die Gemüsenudeln mit gebratenem Speck, Hähnchenfleisch oder Thunfisch aus der Dose ergänzen.

GEGART **750 g gegarte Nudeln (etwa 250 g trockene Nudeln)**

2 EL Frischkäse

1 Handvoll gemischte Gemüsesorten, klein geschnitten

250 g Kichererbsen aus der Dose, abgespült und abgetropft

4 EL gehackte glatte Petersilienblätter

4 EL geriebener Parmesan

2 Eier

1. Eine dünn eingeölte Sautierpfanne auf mittlerer bis hoher Stufe erhitzen. Die gegarten Nudeln darin unter Rühren gut durchwärmen, anschließend den Frischkäse in kleinen Stücken gleichmäßig untermischen. Die Pfanne vom Herd nehmen.
2. Gemüse, Kichererbsen, Petersilie und Parmesan in die Pfanne geben und gründlich mit den Frischkäsenudeln vermengen.
3. In einer zweiten Pfanne die Eier nach Geschmack braten.

Gemüsenudeln auf zwei Teller verteilen und jeweils ein gebratenes Ei darauf anrichten. Mit Salz und Pfeffer abschmecken.

TIPP Verwenden Sie für dieses Gericht möglichst glutenfreie Quinoa-Nudeln wie links auf dem Foto abgebildet.

NÄHRWERTE/PORTION 560 kcal • **Fett** 16 g • **Natrium** 432 mg • **Kohlenhydrate** 78 g • **Ballaststoffe** 12 g • **Eiweiß** 28 g

Mit japanischen Gewürzen, die aus Algen und getrockneten Fischflocken hergestellt werden, schaffen Sie Abwechslung für den Gaumen. ★

PORTIONEN 2
ZUBEREITUNGSZEIT 5 Minuten

Reis und Eier

Dieses einfache Gericht ist ein Klassiker. Viele Profi-Athleten essen es regelmäßig – insbesondere an Renntagen – zum Frühstück. Wenn Sie geschmacklich für Abwechslung sorgen wollen, greifen Sie auf Ihre Lieblingssaucen (besonders empfehlenswert: Sriracha) zu.

GEGART 700 g gegarter weißer Reis (etwa 250 g roher Reis)

4 Eier

1 TL Salz

ZUTATEN NACH WAHL

Sriracha-Sauce (scharfe Chilisauce)

(salzarme) Sojasauce

trockene japanische Gewürzmischung

geröstete Sesamsamen

1. Den gegarten Reis mit einem Schuss Wasser in einer Sautierpfanne auf mittlerer bis hoher Stufe durchwärmen.
2. Die Eier so zubereiten, wie sie Ihnen am besten schmecken: als normales Spiegelei, als von beiden Seiten gebratenes Spiegelei oder als Rührei.
3. In einer großen Schüssel Reis und Eier mit dem Salz sowie Gewürzen und Saucen Ihrer Wahl vermischen.

TIPP Wenn Sie auf Ihren Salzverbrauch achten müssen, bereiten Sie das Gericht nur mit ½ TL Salz zu und verwenden Sie salzarme Sojasauce anstelle von normaler Sojasauce oder japanischen Gewürzen.

NÄHRWERTE/PORTION 530 kcal • **Fett** 11 g • **Natrium** 1.473 mg • **Kohlenhydrate** 88 g • **Ballaststoffe** 2 g • **Eiweiß** 18 g
Nährwertangaben zu weiteren Zutaten finden Sie im Anhang.

PORTIONEN 8
ZUBEREITUNGSZEIT 20–30 Minuten

Spanische Tortilla

Wer schon einmal in Spanien unterwegs war, hat mit Sicherheit auch spanische Tortilla gegessen. Hergestellt aus Kartoffeln, Eiern und Zwiebeln, ist dieses „Omelett" ein kulinarischer Dauerbrenner bei Profi-Sportlern wie Amateuren. Bestreuen Sie die Tortilla mit geriebenem Käse Ihrer Wahl und genießen Sie sie heiß oder kalt zu (fast) jeder Tageszeit.

125 ml Olivenöl (oder etwas mehr)

700 g Kartoffeln, geschält und in 0,5 cm dicke Scheiben geschnitten

2 mittelgroße süße Zwiebeln, in 0,5 cm dicke Ringe geschnitten

8 Eier

je 1 Msp. geriebene Muskatnuss, Salz und Pfeffer

ZUTATEN NACH WAHL

geriebener Parmesan

Tomaten

1. In einer tiefen beschichteten Sautierpfanne die Hälfte des Olivenöls auf mittlerer bis hoher Stufe erhitzen. Die Kartoffelscheiben im heißen Öl in zwei bis drei Durchgängen von beiden Seiten leicht knusprig braten. Mit einem Schaumlöffel herausheben und auf einem mit Küchenpapier abgedeckten Teller entfetten. Inzwischen die Zwiebelringe dünsten; weiteres Öl zugießen, damit sie nicht ansetzen.
2. In der Zwischenzeit in einer großen Schüssel die Eier mit Muskat, Salz und Pfeffer leicht verquirlen. Gebratene Kartoffelscheiben und Zwiebelringe untermischen.
3. So viel Öl aus der Sautierpfanne abgießen, dass nur noch der Boden leicht bedeckt ist. Die Kartoffel-Ei-Masse einfüllen und bei mittlerer bis starker Hitze stocken lassen. Dabei die Masse in Bewegung halten, bis sie knapp durchgegart und am Rand fest geworden ist. Das dauert etwa 5 Minuten.
4. Zum Wenden einen ausreichend großen Teller umgekehrt auf die Pfanne legen und die Tortilla vorsichtig auf den Teller stürzen. Tortilla mit der noch nicht gebratenen Seite nach unten wieder in die Pfanne gleiten lassen und 2–3 Minuten weitergaren, bis die Unterseite kross ist. Nach Belieben mit Käse bestreuen und mit Tomaten garnieren.

Warm servieren oder auskühlen lassen und auf die nächste Fahrt mitnehmen.

NÄHRWERTE/PORTION 305 kcal • **Fett** 19 g • **Natrium** 203 mg • **Kohlenhydrate** 27 g • **Ballaststoffe** 3 g • **Eiweiß** 9 g

Nährwertangaben zu weiteren Zutaten finden Sie im Anhang.

PORTIONEN 6
ZUBEREITUNGSZEIT 20 Minuten Vorbereitung, 35 Minuten Backzeit

Quiche

Klassischerweise wird eine Quiche mit Mürbeteig hergestellt, einem zart-mürben Teig aus Weizenmehl und Butter. Eine gesündere und schnellere Variante gelingt mit diesem Rezept, die Sie zudem glutenfrei zubereiten können. Ein wenig Aufwand ist für die Quiche dennoch erforderlich, aber Sie werden sehen, es lohnt sich.

FÜR DEN TEIGBODEN

- 3–4 Scheiben Weizenbrot oder glutenfreies Brot
- 2 EL Butter

FÜR DEN BELAG

- 8 Eier
- 60 ml Mandelmilch oder normale Milch
- 50 g geriebener Schweizer Emmentaler
- ½ TL Salz
- ½ TL geriebene Muskatnuss (nach Belieben)
- 8 EL fein geschnittenes Gemüse (Zwiebeln, Paprikaschoten und/oder Brokkoli)
- GEGART 4 EL klein gewürfelte gegarte Fleisch- oder Wurstwaren (Frühstücksspeck, Kochschinken, Würstchen oder gebratenes Hähnchenfleisch)

1. Den Backofen auf 160 °C vorheizen.
2. Für den Teigboden die Brotscheiben in der Küchenmaschine oder im Mixer zu feinen Bröseln verarbeiten. Im Mixer das Brot portionsweise zerkleinern. Butter unter die Brösel mixen, bis die Mischung zusammenhält. Die Bröselmischung auf den Boden einer 23 cm großen runden Back- oder Quicheform drücken.
3. Die Form für 8–10 Minuten in den vorgeheizten Backofen stellen.
4. Für den Belag Eier und Milch in einer großen Schüssel verquirlen, den Käse untermischen und die Eier-Milch mit Salz und nach Belieben mit Muskatnuss würzen. Das Gemüse und die Fleisch- oder Wurstwürfel unterrühren. Die Masse gleichmäßig in die Form füllen.
5. Die Quiche 35–40 Minuten im Ofen backen, bis sie in der Mitte fest geworden ist (Garprobe mit der Spitze eines Messers).

Die Quiche vor dem Aufschneiden einige Minuten ruhen lassen. Warm oder raumtemperiert servieren. Reste im Kühlschrank aufbewahren.

NÄHRWERTE / PORTION 258 kcal • **Fett** 17 g • **Natrium** 584 mg • **Kohlenhydrate** 12 g • **Ballaststoffe** 1 g • **Eiweiß** 13 g

Nährwertangaben zu weiteren Zutaten finden Sie im Anhang.

PORTIONEN 2
ZUBEREITUNGSZEIT 10 Minuten

Quinoa-Gemüse-Pfanne mit Ei

Dieses nährstoffreiche Frühstücksgericht können Sie kalt oder heiß direkt aus der Pfanne servieren. Sie sparen morgens Zeit, wenn Sie bereits am Vorabend die Quinoa-Körner und die Süßkartoffeln garen. Ansonsten gilt: Nehmen Sie an Zutaten, was Sie gerade vorrätig haben, bei einem Pfannengericht wie diesem muss man es nicht allzu genau nehmen.

2 EL Olivenöl

1 mittelgroße Zwiebel, in Ringe geschnitten

GEGART 500 g gegarte Süßkartoffeln, in Würfel geschnitten

4 EL gehackte glatte Petersilienblätter

GEGART 550 g gegarte Quinoa-Körner (etwa 125 g rohe Körner)

Salz, Pfeffer und geriebener Parmesan

2 Eier

1. Eine dünn eingeölte Sautierpfanne auf mittlerer bis hoher Stufe erhitzen. Die Zwiebelringe darin leicht bräunen.
2. Süßkartoffelwürfel und Petersilie zufügen und braten, bis die Kartoffelwürfel an den Ecken zu bräunen beginnen.
3. Quinoa-Körner untermischen und alles mit Salz, Pfeffer und Parmesan abschmecken.
4. In einer zweiten Pfanne die Eier nach Geschmack braten.

Pfanneninhalt auf zwei Teller verteilen und jeweils ein Ei darauf anrichten. Mit einem Spritzer Zitronensaft und etwas Olivenöl abrunden.

NÄHRWERTE/PORTION 725 kcal • **Fett** 26 g • **Natrium** 830 mg • **Kohlenhydrate** 101 g • **Ballaststoffe** 11 g • **Eiweiß** 25 g

Anstelle des gebratenen Eis können Sie auch gegarte rote Kidneybohnen, Linsen oder schwarze Bohnen verwenden. Sollten Sie eine kalorienärmere Version bevorzugen, die gleichzeitig mehr Ballaststoffe enthält (weil Sie beispielsweise nach dem Frühstück nicht trainieren), nehmen Sie anstelle der Süßkartoffeln Möhren oder Kürbis. ★

Romesco ist eine traditionelle spanische Sauce, die vor allem in der Küche Kataloniens verwendet wird. Es gibt zahlreiche regionale und familieneigene Varianten von ihr. Grundlage sind geröstete Brotstückchen und Nüsse oder noch häufiger Mandeln, die mit roter Paprika, Tomaten, Knoblauch und Zwiebeln vermischt, mit etwas Essig abgerundet und dann zu einer herzhaften, deftigen, stückigen Sauce püriert werden. ★ Siehe das vollständige Rezept auf Seite 294.

PORTIONEN 2
ZUBEREITUNGSZEIT 20 Minuten

Hähnchen-Speck-Pfanne

Rauchig-süßlicher Frühstücksspeck und Hähnchenfleisch kommen in diesem Gericht ganz besonders zur Geltung, wenn sie mit pikanter Romesco-Sauce kombiniert werden. Sollte Ihnen die Zeit fehlen, sie selbst herzustellen, greifen Sie auf Ihre Lieblingssalsa oder scharfe Sauce zurück.

- 120 g Frühstücksspeck, gewürfelt
- 250 g Hähnchenfleisch, in Würfel geschnitten
- GEGART 2 mittelgroße gegarte Kartoffeln, geschält, in mundgerechte Stücke geschnitten
- 4 EL in feine Ringe geschnittene Zwiebeln
- 4 EL in feine Streifen geschnittene Paprikaschoten
- 2 EL fein gehackte glatte Petersilienblätter
- Romesco-Sauce (siehe Seite 294)

1. Den Speck in einer heißen Sautierpfanne bei mittlerer Hitze knusprig braten. Ausgelassenes Fett fast vollständig abgießen.
2. Zuerst das Hähnchenfleisch in die Pfanne geben, dann die Kartoffelstücke, Zwiebeln und Paprika. Die Zutaten braten, bis das Fleisch nach 8–10 Minuten durchgegart ist und die Kartoffeln so knusprig sind, wie Sie es mögen. Zuletzt die Petersilie untermischen und mit Salz und Pfeffer abschmecken.

Romesco-Sauce separat dazu reichen.

NÄHRWERTE/PORTION 481 kcal • Fett 11 g • Natrium 603 mg • Kohlenhydrate 51 g • Ballaststoffe 4 g • Eiweiß 44 g

★ Die Frühstücks-Tacos schmecken mit dem Koriander-Minze-Joghurt besonders gut. Das Rezept finden Sie auf Seite 297.

PORTIONEN 4
ZUBEREITUNGSZEIT 30 Minuten

Frühstücks-Tacos

Dieses Rezept eignet sich wunderbar für eine genussvolle und lustige Frühstücksrunde am Wochenende mit der Familie. Alle Zutaten werden dabei einzeln und nacheinander gegart. Im Backofen können Sie die Kartoffeln und den Speck warm halten, während Sie die Rühreier zubereiten. Der Koriander-Minze-Joghurt ersetzt den Sauerrahm und ist im Handumdrehen zubereitet.

- 120 g Frühstücksspeck, gewürfelt
- 125 g klein gewürfelte, geschälte Kartoffeln
- GEGART 125 g gegarte Wachtelbohnen (etwa 50 g trockene Bohnen)
- 4 EL geriebener Käse
- Frühlingszwiebeln oder Zwiebeln
- 4 Eier
- 4 Maistortillas oder Taco-Schalen
- 4 EL Salsa (aus dem Glas)
- Koriander-Minze-Joghurt (siehe Seite 297)

1. Eine dünn eingeölte Sautierpfanne auf mittlerer bis hoher Stufe erhitzen und den Speck darin knusprig braten. Herausheben und beiseitestellen.
2. Kartoffelwürfel und Bohnen in die Pfanne geben und braten, bis die Kartoffeln weich und goldbraun sind. Herausheben und beiseitestellen.
3. Während Kartoffeln und Bohnen garen, die Frühlingszwiebeln oder Zwiebeln fein würfeln.
4. In der Sautierpfanne die Rühreier braten.
5. Tortillas in Alufolie wickeln und im heißen Backofen durchwärmen. Oder die Tacos auf einem Backblech auslegen und im Ofen heiß werden lassen. (Vergessen Sie sie nicht, denn sie können Feuer fangen!)

Alle Zutaten auf den Tisch stellen, sodass jeder seinen eigenen Taco zusammenstellen kann.

NÄHRWERTE/TACO 268 kcal • **Fett** 13 g • **Natrium** 459 mg • **Kohlenhydrate** 23 g • **Ballaststoffe** 4 g • **Eiweiß** 15 g

PORTIONEN 2
ZUBEREITUNGSZEIT 20 Minuten

Buttermilch-Pancakes

Pancakes werden von amerikanischen Profi-Ausdauersportlern besonders gern vor einem Rennen gegessen. In der Wettkampfsaison, wenn jeder Bissen gezählt werden muss, gehören sie zu den köstlichsten Lieferanten der so notwendigen Kohlenhydrate.

TROCKENE ZUTATEN

185 g Weizenmehl (Type 405)

2 EL brauner Zucker

1½ TL Backpulver

1 TL Küchennatron

1 TL gemahlener Zimt

FEUCHTE ZUTATEN

375 ml Buttermilch (siehe Hinweis)

2 Eier, leicht verquirlt

60 g Butter, zerlassen

1. In einer großen Schüssel alle trockenen Zutaten mischen.
2. Die feuchten Zutaten unterrühren, dabei die Buttermilch nach und nach zugeben, bis der Teig die gewünschte dickflüssige Konsistenz hat. Nicht zu lange rühren.
3. Eine dünn eingeölte Sautierpfanne auf mittlerer bis hoher Stufe erhitzen. Den Teig portionsweise in die Pfanne schöpfen und zu Pancakes in der Größe Ihrer Wahl formen (lassen Sie ausreichend Abstand zwischen den Pancakes, damit Sie den Teig in der Pfanne verstreichen können). Sobald sich an den Rändern kleine Blasen bilden oder die Unterseite goldbraun ist, die Pancakes wenden und fertig backen.

Fertige Pancakes auf einem Teller mit Früchten Ihrer Wahl oder auch mit gebratenem Speck anrichten. Ergibt etwa 6 Pancakes.

HINWEIS Sollten Sie keine Buttermilch vorrätig haben, rühren Sie 1 EL Zitronensaft unter 375 ml normale Milch und lassen Sie die Milch vor der Weiterverarbeitung 5 Minuten ruhen.

TIPP Um Zeit zu sparen, verdoppeln oder verdreifachen Sie die Mischung an trockenen Zutaten und lagern sie in einer luftdicht verschlossenen Dose im Vorratsschrank. Für das Rezept brauchen Sie dann jeweils etwa 200 g davon.

NÄHRWERTE/PORTION (3 pancakes) 771 kcal • **Fett** 32 g • **Natrium** 519 mg • **Kohlenhydrate** 96 g • **Ballaststoffe** 3 g • **Eiweiß** 25 g

PORTIONEN 2
ZUBEREITUNGSZEIT 25 Minuten

Reis-Bananen-Pancakes

Eine hervorragende Quelle für Kohlenhydrate und dabei frei von glutenhaltigem Getreide sind diese Pancakes aus Reis. Die Zubereitung dauert ein klein wenig länger als bei normalen Pancakes, dafür bleiben sie innen wunderbar saftig und cremig.

GEGART **350 g gegarter weißer Reis (etwa 140 g roher Reis)**

2 Eier, leicht verquirlt

1 reife Banane

2 EL brauner Zucker

1 EL Reis- oder Kartoffelmehl

1 Prise Salz

375–500 ml Milch

ZUTATEN NACH WAHL

1 TL Vanille- oder Mandelextrakt

etwas gemahlener Zimt und geriebene Muskatnuss

1. Den Backofen auf 160 °C vorheizen.
2. Für den Teig alle Zutaten im Mixer vermischen, dabei die Milch nach und nach zugießen, bis der Teig die gewünschte dickflüssige Konsistenz hat. Er ist grundsätzlich etwas dicker als herkömmlicher Pancake-Teig.
3. Eine dünn eingeölte Sautierpfanne auf mittlerer bis hoher Stufe erhitzen. Den Teig portionsweise in die Pfanne schöpfen und zu Pancakes in der Größe Ihrer Wahl formen (lassen Sie ausreichend Abstand zwischen den Pancakes, damit Sie den Teig in der Pfanne verstreichen können). Die Reis-Pancakes brauchen etwas länger als normale Pancakes, um fest zu werden und sicher gewendet werden zu können; rechnen Sie etwa 4 Minuten pro Seite.

Pancakes im vorgeheizten Backofen fertig backen und die restlichen Pancakes zubereiten. Ergibt etwa 6 Pancakes.

NÄHRWERTE/PORTION (3 Pancakes) 405 kcal • **Fett** 7 g • **Natrium** 100 mg • **Kohlenhydrate** 71 g • **Ballaststoffe** 3 g • **Eiweiß** 16 g

Gemahlene Mandeln finden Sie im Supermarkt in der Regel im Backregal. Sie lassen sich in der Küchenmaschine oder im Mixer auch selbst herstellen. Mandelkerne kann man entweder mit der Haut mahlen oder zuvor blanchieren und enthäuten. Für dieses Rezept haben wir Letzteres getan. Sie müssen nur darauf achten, die Mandeln nicht zu lange zu mahlen, sonst erhalten Sie Mandelcreme! ★

PORTIONEN 2
ZUBEREITUNGSZEIT 20 Minuten

Mandel-Pancakes mit Zimt

Die in diesem Rezept verwendeten gemahlenen Mandeln sind eine weitere glutenfreie Quelle für Kohlenhydrate, wobei die Pancakes damit etwas weniger kohlenhydratreich ausfallen als normale Pancakes. Der Teig ist dünnflüssig und locker und erinnert eher an einen Pfannkuchen- oder Crêpe-Teig.

100 g gemahlene süße Mandeln
2 Eier
60 ml Milch oder Wasser
2 EL Speiseöl
1 EL Honig oder Agavendicksaft
je 1 Msp. gemahlener Zimt und Salz

ZUTATEN NACH WAHL
geröstete Mandelstifte
Naturjoghurt
frisches Obst

1. In einer Schüssel die Zutaten zu einem dünnflüssigen Teig verrühren.
2. Eine dünn eingeölte Sautierpfanne auf mittlerer bis hoher Stufe erhitzen. Wenn die Pfanne heiß ist, portionsweise Teig hineinschöpfen und zu Pancakes formen. Dabei zwischen den Pancakes ausreichend Abstand lassen, damit Sie den Teig verstreichen können. Im Gegensatz zu herkömmlichen Pancakes bilden sich auf der Oberfläche der Mandel-Pancakes keine Bläschen, deshalb müssen Sie auf den Bräunungsgrad der Ränder achten, bevor Sie die Pancakes behutsam wenden und fertig backen.

Pancakes heiß servieren, garniert mit gerösteten Mandelstiften, Joghurt oder frischem Obst. Ergibt etwa 6 Pancakes.

TIPP Noch einfacher ist die Zubereitung (vorausgesetzt, Sie müssen nicht auf Gluten achten), wenn Sie einer Pancake-Backmischung gemahlene Mandeln zufügen. Bereiten Sie die Pancakes anschließend nach Packungsangabe zu.

NÄHRWERTE/PORTION (3 Pancakes) 557 kcal • **Fett** 47 g • **Natrium** 447 mg • **Kohlenhydrate** 23 g • **Ballaststoffe** 6 g • **Eiweiß** 19 g
Nährwertangaben zu weiteren Zutaten finden Sie im Anhang.

PORTIONEN 4
ZUBEREITUNGSZEIT 30 Minuten

Süßkartoffel-Pancakes

Es gibt verschiedene Rezepte für Pancakes aus Süßkartoffeln, dieses hier ist ein sehr einfaches. Die Menge an Milch, die Sie für den dickflüssigen Teig brauchen, ist abhängig vom Feuchtigskeitsgehalt der Süßkartoffeln. Ein wenig „griffiger" am Gaumen geben sich die Pancakes, wenn Sie sie mit gerösteten Mandelstiften garnieren oder gemahlene Mandeln unter den Teig rühren.

TROCKENE ZUTATEN

250 g Weizenmehl (Type 405)

3 TL Backpulver

1 TL Salz

½ TL gemahlener Zimt

2 EL brauner Zucker

FEUCHTE ZUTATEN

GEGART 500 g gegarte Süßkartoffeln, zu Brei zerstampft

2 Eier, leicht verquirlt

375–500 ml Mandelmilch

2 EL zerlassene Butter

1. In einer Schüssel alle trockenen Zutaten mischen.
2. In einer zweiten Schüssel zerstampfte Süßkartoffeln, Eier, 250 ml Mandelmilch und die zerlassene Butter vermengen. Die trockene Zutatenmischung dazugeben und alles sorgfältig zu einem dickflüssigen Teig verrühren, bei Bedarf weitere Milch zugießen.
3. Eine dünn eingeölte Sautierpfanne auf mittlerer bis hoher Stufe erhitzen. Den Teig portionsweise in die Pfanne schöpfen, zu Pancakes formen und garen, bis sie am Rand goldbraun gebacken sind. Wenden und die andere Seite goldbraun backen.

Die Pancakes mit gerösteten Mandelstiften (siehe Foto rechts) bestreuen und mit Joghurt oder Erdnusscreme servieren. Ergibt etwa 8 Pancakes.

NÄHRWERTE/PORTION (2 Pancakes) 573 kcal • **Fett** 22 g • **Natrium** 798 mg • **Kohlenhydrate** 81 g • Ballaststoffe 7 g • **Eiweiß** 16 g
Nährwertangaben zu weiteren Zutaten finden Sie im Anhang.

Tipp: In einer kleinen Schüssel 65 g Mandelstifte mit 1 EL braunem Zucker mischen. Eine kleine Pfanne ohne Fett auf mittlerer bis hoher Stufe erhitzen. Den Herd ausschalten, die Mandel-Zucker-Mischung in die Pfanne geben und unter ständigem Rühren etwa 3 Minuten garen, bis die Mandeln geröstet und vom Zucker überzogen sind. Die Pfanne vom Herd nehmen. ★

Übrig gebliebenen Orangensirup aufbewahren. Er schmeckt gut zum morgendlichen Porridge und macht sich auch als Glasur für ein Brathähnchen gut. ★

PORTIONEN 2
ZUBEREITUNGSZEIT 20 Minuten

Arme Ritter

Rustikales Brot in Kombination mit dem Aroma von Orangen ist der besondere Kick bei diesem Arme-Ritter-Rezept – probieren Sie Sauerteig-, Kartoffel- oder Vollkornbrot, aber auch französische Brotsorten und das jüdische Challah sind geeignet. Die Brotscheiben sollten möglichst vom Vortag, also schon etwas angetrocknet sein. Frisches Brot saugt sich zu schnell mit der Eier-Milch voll, und die Scheiben reißen, bevor sie in die Pfanne gelangen.

- 4–6 dicke Scheiben Brot
- 3 Eier
- 250 ml Milch
- 2 EL Zucker
- 1 TL Vanilleextrakt
- 1 TL Pumpkin Pie Spice (siehe Tipp)
- 1 EL Butter

FÜR DEN ORANGENSIRUP

- 250 ml Ahornsirup
- 1 TL Vanilleextrakt
- 1 EL Orangenmarmelade

1. Nach Belieben die Brotscheiben entrinden (aus den Brotrinden lassen sich sehr gute Semmelbrösel herstellen). Die Eier mit Milch, Zucker, Vanille und Gewürzen in einer Schüssel oder im Mixer verquirlen. Brotscheiben jeweils auf beiden Seiten in der Eier-Milch einweichen, bis sie die Eier-Milch aufgesogen haben.
2. Eine dünn eingeölte Sautierpfanne auf mittlerer bis hoher Stufe erhitzen. Butter in der Pfanne schmelzen lassen und den Pfannenboden damit überziehen. Eingeweichte Brotscheiben einlegen und von beiden Seiten goldbraun backen.
3. Für den Orangensirup die Zutaten in einem kleinen Topf unter Rühren erwärmen. Übrig gebliebenen Sirup im Kühlschrank aufbewahren.

Arme Ritter mit Puderzucker bestäuben und mit dem warmen Orangensirup und frischem Obst servieren.

TIPP Das amerikanische Gewürz Pumpkin Pie Spice ist eine Mischung aus geriebener Muskatnuss, gemahlenem Zimt und Piment. Nehmen Sie von den Gewürzen, was Sie vorrätig haben. Oder mischen Sie Lebkuchengewürz mit Zimt.

NÄHRWERTE/PORTION (3 Arme Ritter) 456 kcal • Fett 12 g • Natrium 857 mg • Kohlenhydrate 66 g • Ballaststoffe 3 g • Eiweiß 22 g
SIRUP (2 EL) 110 kcal • Fett 0 g • Natrium 0 mg • Kohlenhydrate 28 g • Ballaststoffe 0 g • Eiweiß 0 g

PORTIONEN 3
ZUBEREITUNGSZEIT 20 Minuten

Gefüllte Arme Ritter

Ob Sie Arme Ritter ganz klassisch mögen oder mit frischem Obst, Nusscreme oder anderen guten Dingen verfeinern wollen, dieses Rezept soll Sie ermutigen, verschiedene Füllungen und Zutatenkombinationen auszuprobieren. Ihr Geschmack entscheidet!

4–6 dicke Scheiben Brot

3 Eier

250 ml Milch

2 EL Agavendicksaft oder Honig

2 TL Mandel- oder Vanilleextrakt

½ TL Salz

1 EL Butter

FÜR DIE FÜLLUNG

2 EL Frischkäse

2 Scheiben gekochter Schinken

ODER

4 EL Haselnusscreme

1 reife Banane, in Scheiben geschnitten

ODER

1 Apfel, in Scheiben geschnitten

2 EL Honig

1. Den Backofen auf 180 °C vorheizen. Nach Belieben die Brotscheiben entrinden (und für selbst gemachte Semmelbrösel aufbewahren).
2. In einer großen Rührschüssel die Eier mit Milch, Agavendicksaft oder Honig, Mandel- oder Vanilleextrakt und Salz verquirlen. Die Zutaten für die Füllung bereitstellen.
3. In der Eier-Milch 2 Brotscheiben einweichen. Inzwischen die Butter in einer Sautierpfanne bei mittlerer bis starker Hitze schmelzen lassen.
4. Eingeweichte Brote in der Pfanne goldbraun backen, dabei die Scheiben einmal wenden. In der Zwischenzeit 2 weitere Brotscheiben in der Eier-Milch einweichen.
5. Fertige Arme Ritter auf ein Backblech legen. Jeweils 1 Brotscheibe mit der Füllung Ihrer Wahl belegen, mit der anderen Scheibe abdecken und diese leicht andrücken. Das Blech in den Backofen schieben, während Sie die restlichen Brote verarbeiten. Vor dem Servieren alle Armen Ritter auf dem Backblech 5 Minuten im Ofen garen, damit die Füllung schmelzen kann. Wer es eilig hat, kann diesen Schritt aber auch überspringen. Die Toasts schmecken trotzdem großartig.

NÄHRWERTE/PORTION (Schinken & Frischkäse) 385 kcal • **Fett** 12 g • **Natrium** 1.151 mg • **Kohlenhydrate** 50 g • **Ballaststoffe** 2 g • **Eiweiß** 19 g
NÄHRWERTE/PORTION (Banane & Haselnusscreme) 424 kcal • **Fett** 11 g • **Natrium** 891 mg • **Kohlenhydrate** 66 g • **Ballaststoffe** 4 g • **Eiweiß** 16 g
NÄHRWERTE/PORTION (Apfel & Honig) 388 kcal • **Fett** 7 g • **Natrium** 1.272 mg • **Kohlenhydrate** 67 g • **Ballaststoffe** 3 g • **Eiweiß** 15 g

PORTIONEN 10
ZUBEREITUNGSZEIT 30 Minuten

Allens Reisriegel

Die Idee für diese Reisriegel entwickelte ich in Trainingslagern und auf Rennen. Ich wollte, dass die Athleten etwas Herzhaftes und Frisches zu sich nehmen, während sie sich auf ihrem Rad abstrampeln. Ich landete einen Volltreffer, denn bis dahin hatten die Athleten während des Fahrens meist nur abgepackte Energieriegel oder -gels zu sich genommen, die zudem süß waren. Abgesehen davon, dass die Reisriegel richtig gut schmecken, sind sie auch eine beständige Energiequelle, die den Magen nicht belastet.

400 g Calrose-Reis oder ein anderer klebrig kochender Mittelkornreis

750 ml Wasser

225 g Frühstücksspeck

4 Eier

2 EL salzarme Sojasauce

brauner Zucker

Salz und Parmesan (nach Belieben)

1. Reis und Wasser in einen Reiskocher geben und den Reis garen.
2. Inzwischen den Speck in Würfel schneiden und in einer mittelgroßen Sautierpfanne knusprig braten. Speckwürfel herausheben, überschüssiges Fett abtropfen lassen und auf Küchenpapier entfetten.
3. Die Eier in einer kleinen Schüssel verquirlen und bei starker Hitze in der Sautierpfanne zu Rührei braten. Machen Sie sich keine Gedanken, wenn es etwas zu fest gerät. Beim Vermischen mit dem Reis fällt es ganz leicht wieder auseinander.
4. In einer großen Schüssel oder in der Schüssel des Reiskochers Speck und Rührei unter den Reis mengen. Sojasauce unterrühren und die Reismasse nach Geschmack mit Zucker süßen. Die Masse so in eine 20–23 cm große rechteckige Backform drücken, dass sie gleichmäßig 4 cm dick ist. Mit weiterem Zucker bestreuen, nach Geschmack salzen und nach Belieben Parmesan darüberreiben.

Den Reiskuchen in rechteckige Stücke schneiden und einzeln verpacken. Ergibt etwa 10 Reisriegel.

TIPP Wir verwenden immer den kalifornischen Calrose-Reis, ein Mittelkornreis, der gern in der asiatischen Küche verwendet wird. Er hat eine nur knapp 20-minütige Garzeit, entwickelt ein nussiges Aroma und seine Klebeeigenschaften sind genau richtig, um die Riegel zusammenzuhalten. Alternativ können Sie aber auch einen anderen klebrig kochenden Mittelkornreis verwenden oder jede Art von „Sushi-Reis".

NÄHRWERTE/PORTION (1 Riegel) 225 kcal • **Fett** 8 g • **Natrium** 321 mg • **Kohlenhydrate** 30 g • **Ballaststoffe** 1 g • **Eiweiß** 9 g

Warum Reis? Energieriegel werden klassischerweise aus Haferflocken und anderen trockenen Zutaten hergestellt. Will man sie zu Hause selbst zubereiten, steht man häufig vor dem Problem, dass sie als einzelne Riegel nicht zusammenhalten. Weißer Reis ist zudem auch noch preiswerter, leichter zu essen und zu verdauen. Klebrig kochenden Mittelkornreis wie zum Beispiel Jasminreis gibt es in fast jedem Supermarkt, süßen Reis – auch Mochi-Reis oder Klebereis genannt –, mit dem die Riegel ebenso gut gelingen, finden Sie dagegen hauptsächlich im Asia-Laden. Alle diese Reissorten haben jedenfalls die richtige Klebeeigenschaft, um hervorragende Riegel damit zubereiten zu können. ★

PORTIONEN 10
ZUBEREITUNGSZEIT 30 Minuten

Reisriegel mit Geflügel

Diese Version der Reisriegel haben wir speziell für Athleten entwickelt, die keinen Speck essen. Besonders gut dafür eignen sich milde Hähnchen- beziehungsweise Geflügelbratwürste, weil sie den Magen während des Trainings nicht belasten. Wir haben auch mit einigen italienischen Würsten experimentiert, deren Würzigkeit aber nicht für eine Mahlzeit während des Trainings geeignet ist.

400 g Calrose-Reis oder ein anderer klebrig kochender Mittelkornreis

750 ml Wasser

500 g milde Hähnchen- oder Geflügelbratwürste

2 EL brauner Zucker

1 EL salzarme Sojasauce

3 Eier

1. Reis und Wasser in einen Reiskocher geben und den Reis garen.
2. Inzwischen die Bratwürste in Scheiben schneiden und bei mittlerer bis starker Hitze in einer Sautierpfanne braten, bis sie durchgegart sind. Das Fett aus der Pfanne gießen, anschließend die Wurststücke mit Zucker und Sojasauce vermischen. Je nach Geschmack können Sie die Wurststücke auch ungewürzt lassen.
3. Die Eier leicht verquirlen und in einer zweiten Sautierpfanne zu Rührei braten. Dabei nicht zu lange garen, das Rührei soll am Ende noch etwas feucht sein.
4. Den gegarten Reis in einer großen Schüssel mit den Wurststücken und dem Rührei vermengen. Die Masse so in eine 20–23 cm große rechteckige Backform drücken, dass sie gleichmäßig 4 cm dick ist.

Den Reiskuchen in rechteckige Stücke schneiden und einzeln verpacken. Ergibt etwa 10 Reisriegel.

NÄHRWERTE/PORTION (1 Riegel) 228 kcal • **Fett** 5 g • **Natrium** 343 mg • **Kohlenhydrate** 33 g • **Ballaststoffe** 1 g • **Eiweiß** 11 g

PORTIONEN 10
ZUBEREITUNGSZEIT 30 Minuten Vorbereitung,
30 Minuten Kühlzeit

Reisriegel mit Cashewkernen und Speck

Diese Reisriegel-Variante mögen unsere Freunde beim amerikanischen Magazin „Velo" am liebsten. Die Kombination aus Speck, Cashewkernen und Nusscreme verleiht den Riegeln einen süß-salzigen Geschmack. Mit der Extraportion Eiweiß sind sie ideale Kraftpakete für längere Trainingstouren.

400 g Calrose-Reis oder ein anderer klebrig kochender Mittelkornreis

750 ml Wasser

225 g Frühstücksspeck

3 Eier

65 g Cashewkerne, roh oder geröstet

4 EL Nusscreme

75 g Rosinen (nach Belieben)

1. Reis und Wasser in einen Reiskocher geben und den Reis garen.
2. Inzwischen den Speck bei mittlerer bis starker Hitze in einer Sautierpfanne braten. Das Fett aus der Pfanne gießen, den Speck in Küchenpapier wickeln und darin zerbröckeln.
3. Die Eier in einer kleinen Schüssel leicht verquirlen und in der Sautierpfanne bei mittlerer Hitze zu einem weichen Rührei braten.
4. Den gegarten Reis in einer großen Schüssel gleichmäßig mit dem zerbröckelten Speck, Rührei, Cashewkernen, Nusscreme und nach Belieben mit den Rosinen vermengen. Die Masse so in eine 20–23 cm große rechteckige Backform drücken, dass sie gleichmäßig etwa 4 cm dick ist.

Den Reiskuchen im Kühlschrank vollständig erkalten lassen, bevor Sie ihn in rechteckige Stücke schneiden und einzeln verpacken. Ergibt etwa 10 Reisriegel.

NÄHRWERTE/PORTION (1 Riegel) 286 kcal • **Fett** 14 g • **Natrium** 246 mg • **Kohlenhydrate** 31 g • **Ballaststoffe** 1 g • **Eiweiß** 10 g
Nährwertangaben zu weiteren Zutaten finden Sie im Anhang.

PORTIONEN 8
ZUBEREITUNGSZEIT 10 Minuten Vorbereitung, 20–30 Minuten Backzeit

Pikanter Brotkuchen

Auch mit diesem Rezept gelingt ein herzhafter Snack für unterwegs, der sich für Trainingsfahrten anbietet. Dabei dient Brot als Grundlage. Sie können eine ganze Wagenladung davon zubereiten, den Kuchen in Stücke schneiden, einzeln verpacken und im Gefrierfach vorrätig halten.

12 Scheiben (etwa 450 g) Ihres Lieblingsbrots, in Würfel geschnitten

500 ml Milch

4 Eier, leicht verquirlt

50 g geriebener Käse (z. B. Parmesan, Mozzarella oder Cheddar)

GEGART **8 EL zerbröckelter gebratener Frühstücksspeck oder klein geschnittenes gegartes Fleisch**

brauner Zucker

1. Den Backofen auf 180 °C vorheizen.
2. Die Brotwürfel in eine große Schüssel geben. Milch in einem Topf bis knapp unter dem Siedepunkt erhitzen. Die Brotwürfel mit der heißen Milch übergießen und vermengen. Die Mischung etwa 1 Minute ruhen lassen, bis sich das Brot mit der Milch vollgesaugt hat. (Bei glutenfreiem Brot dauert dies etwas länger.)
3. Eier, Käse, gebratenen Speck oder gegarte Fleischstücke unterrühren. Den Brotteig in eine Brotback- oder Kastenform füllen und etwa 20 Minuten im Ofen backen, bis er fest ist.

Den Brotkuchen mit etwas braunem Zucker und Salz bestreuen. Abkühlen lassen, dann in Stücke schneiden und einzeln verpacken. Ergibt etwa 8 Stücke.

NÄHRWERTE/PORTION (1 Stück) 141 kcal • **Fett** 6 g • **Natrium** 307 mg • **Kohlenhydrate** 11 g • **Ballaststoffe** 1 g • **Eiweiß** 9 g

PORTIONEN 10
ZUBEREITUNGSZEIT 25 Minuten

Reisriegel mit Feigen und Honig

Hier kommt die glutenfreie Version eines klassischen Fruchtkeks. Aufgrund der hochwertigen Ballaststoffe, die Trockenfrüchte mitbringen, eignen sich diese Riegel am besten als Snack nach einem Training, aber auch zu (fast) jeder anderen Tageszeit. Sollten Feigen bei Ihnen nicht hoch im Kurs stehen, können Sie auch Rosinen oder Datteln verwenden.

400 g Calrose-Reis oder ein anderer klebrig kochender Mittelkornreis

750 ml Wasser

120 g Pekannusskerne

120 g getrocknete Feigen, klein gewürfelt

2 EL Honig

brauner Zucker (nach Belieben)

1. Reis und Wasser in einen Reiskocher geben und den Reis garen.
2. Den Backofen auf 180 °C vorheizen. Die Pekannüsse auf einem Backblech im vorgeheizten Ofen 8–10 Minuten rösten, dabei nach 5 Minuten einmal durchrühren.
3. Den gegarten Reis in einer großen Schüssel mit den gerösteten Nüssen und den Feigen vermischen. Den Honig gründlich unterrühren.
4. Die Masse so in eine 20–23 cm große rechteckige Backform drücken, dass sie gleichmäßig etwa 4 cm dick ist. Nach Belieben mit braunem Zucker bestreuen.

Den Reiskuchen in Riegel schneiden und einzeln verpacken. Ergibt etwa 10 Reisriegel.

TIPP Kompakter werden Reiskuchen und Riegel, wenn Sie den gegarten Reis zusammen mit den Nüssen und Feigen in der Küchenmaschine einige Male durchmixen.

NÄHRWERTE/PORTION (1 Riegel) 268 kcal • **Fett** 10 g • **Natrium** 20 mg • **Kohlenhydrate** 41 g • **Ballaststoffe** 3 g • **Eiweiß** 6 g

PORTIONEN 10
ZUBEREITUNGSZEIT 20 Minuten Vorbereitung, 1 Stunde Kühlzeit

Schokoreisriegel mit Erdnüssen und Kokos

Viele Athleten essen während des Trainings gern süße Riegel, die mit ein wenig Schokolade überzogen sind. Mit unseren Schokoreisriegel haben wir diese Vorliebe aufgegriffen, das Endprodukt aber um Einiges verbessert. Sie stillen das Verlangen nach Nüssen und Schokolade, aber ihr entscheidender Vorteil besteht darin, dass sie an heißen Tagen nicht als klebrig-geschmolzene Schokomasse enden.

400 g Calrose-Reis oder ein anderer klebrig kochender Mittelkornreis

750 ml Wasser

150 g rohe oder geröstete Erdnusskerne

100 g ungesüßte Kokosraspel

2 EL brauner Zucker

1 EL Salz

Honig oder Melasse (Zuckerrohr-Sirup; aus dem Reformhaus oder Bioladen), nach Bedarf

80 g Schokotropfen

1. Reis und Wasser in einen Reiskocher geben und den Reis garen.
2. Den gegarten Reis mit den restlichen Zutaten bis auf die Schokotropfen in die Küchenmaschine füllen und in mehreren Intervallen zu einer dicken, bröckeligen Paste mixen. Sollte die Mischung zu trocken sein, etwas Honig oder Melasse untermischen.
3. Die Schokotropfen zufügen und weitermixen, bis sie geschmolzen und vollständig in die Reismasse eingearbeitet sind.
4. Die Reismasse so in eine 20–23 cm große rechteckige Backform drücken, dass sie gleichmäßig etwa 2,5 cm dick ist. Nach Belieben mit weiteren Erdnüssen und Schokotropfen garnieren.

Den Schokoreiskuchen auskühlen lassen, anschließend in Riegel schneiden und einzeln verpacken. Ergibt etwa 10 Reisriegel.

NÄHRWERTE/PORTION (1 Riegel) 323 kcal • **Fett** 14 g • **Natrium** 700 mg • **Kohlenhydrate** 44 g • **Ballaststoffe** 3 g • **Eiweiß** 6 g

PORTIONEN 10
ZUBEREITUNGSZEIT 20 Minuten

Reisriegel mit Datteln und Mandeln

Diese Riegel spielen in einer etwas üppigeren Liga. Aufgrund ihres Ballaststoffgehalts sind sie allerdings nicht zum Verzehr während des Trainings geeignet, dafür aber wegen ihres Zuckergehalts umso mehr nach einem Workout. Sie sollten die Riegel etwas kleiner als sonst schneiden, da sie ziemlich mächtig sind.

400 g Calrose-Reis oder ein anderer klebrig kochender Mittelkornreis

750 ml Wasser

125 g entsteinte Datteln

150 g süße Mandelkerne

2 EL brauner Zucker

½ TL grobes Salz

Honig oder Agavendicksaft (nach Bedarf)

1. Reis und Wasser in einen Reiskocher geben und den Reis garen.
2. Den gegarten Reis mit den restlichen Zutaten in die Küchenmaschine füllen und in mehreren Intervallen zu einer sehr dicken, bröckeligen Paste mixen. Sollte die Mischung zu trocken sein, etwas Honig oder Agavendicksaft untermischen.
3. Die Reismasse so in eine 20–23 cm große rechteckige Backform drücken, dass sie gleichmäßig etwa 2,5 cm dick ist.

Den Reiskuchen in Riegel schneiden und einzeln verpacken. Ergibt etwa 10 Riegel.

TIPP Reisriegel mit Früchten und Nüssen können gut verschlossen oder verpackt bis zu einer Woche im Kühlschrank aufbewahrt werden.

NÄHRWERTE/PORTION (1 Riegel) 234 kcal • **Fett** 6 g • **Natrium** 349 mg • **Kohlenhydrate** 41 g • **Ballaststoffe** 3 g • **Eiweiß** 5 g

PORTIONEN 18
ZUBEREITUNGSZEIT 20 Minuten

Kokosmakronen mit Mandeln und Orangennote

Viele Athleten haben bei Rennen gern etwas Süßes im Proviantbeutel, um sich zwischendurch mit einem kleinen Zuckerkick zu stärken. Diese mundgerechten, kleinen Leckerbissen sind dafür genau das Richtige und sorgen mit ihrem Anteil an gemahlenen Mandeln und etwas Orangenmarmelade für im besten Sinne des Wortes unbeschwerte Weiterfahrt.

150 g süße Mandelkerne

450 g ungesüßte Kokosraspel

1 TL Vanilleextrakt

4 EL Honig

4 EL Orangenmarmelade

1–2 EL Apfelmus oder zusätzlichen Honig

4 Eiweiße

1. Den Backofen auf 180 °C vorheizen.
2. Mandeln in der Küchenmaschine fein mahlen. Kokosraspel, Vanille, Honig, Marmelade und 1 EL Apfelmus hinzufügen und die Zutaten zu einer dicken Paste mixen. Sollte die Paste zu trocken sein, 1 weiteren EL Apfelmus oder Honig einarbeiten.
3. In einer Schüssel die Eiweiße zu steifem Schnee schlagen.
4. Die Kokos-Mandel-Paste in eine zweite Schüssel geben und den Eischnee behutsam unterheben. Mithilfe eines Teelöffels aus der Masse insgesamt 18 Makronen abstechen und nebeneinander auf ein mit Backpapier belegtes Backblech setzen.
5. Die Makronen in 15–20 Minuten im vorgeheizten Ofen goldbraun backen.

Makronen vor dem Servieren auskühlen lassen und in einer luftdicht verschlossenen Dose aufbewahren. Bei hoher Luftfeuchtigkeit die Dose in den Kühlschrank stellen.

NÄHRWERTE/PORTION (1 Makrone) 131 kcal • **Fett** 9 g • **Natrium** 15 mg • **Kohlenhydrate** 11 g • **Ballaststoffe** 2 g • **Eiweiß** 3 g

PORTIONEN 12
ZUBEREITUNGSZEIT 30 Minuten

Speck-Muffins

Diese leicht mitzunehmenden kleinen Muffins sind ein wenig salzig und ein wenig süß. Sie lassen sich gut verpacken und sind ideal zum Anreichen während einer Fahrt oder an kühleren Tagen als Proviant in der Tasche. Wir bereiten sie gern mit zartbitteren Schokotropfen zu.

- GEGART 350 g gegarter Reis (etwa 140 g roher Reis)
- 2 Eier
- 2 EL Honig
- 1 EL Reis- oder Kartoffelmehl
- ½ TL Salz
- 250 ml Milch (siehe Hinweis)
- GEGART 4 EL zerbröckelter gebratener Frühstücksspeck
- 170 g zartbittere Schokotropfen (nach Belieben)

1. Den Backofen auf 160 °C vorheizen.
2. Reis, Eier, Honig, Mehl und Salz im Mixer zügig vermischen. Die Milch nach und nach langsam unterrühren, bis ein dickflüssiger Teig entstanden ist. Zerbröckelten Speck und nach Belieben die Schokotropfen unterheben.
3. Die Mulden eines 12er-Muffinblechs einfetten oder mit Papierförmchen auskleiden und jeweils ¾ hoch mit Teig füllen. Das Blech für 15–20 Minuten in den Ofen schieben, bis die Muffins in der Mitte fest sind (machen Sie die Garprobe mit einem Zahnstocher). Die Muffins gehen während des Backens kaum auf.

Muffins im Blech erkalten lassen, anschließend mit einem Messer behutsam vom Rand lösen und herausheben. Oder die Muffins in den Papierförmchen aus den Mulden heben. In einer luftdicht verschlossenen Dose im Kühlschrank aufbewahren.

HINWEIS Mit frisch zubereitetem Reis reduziert sich die Milchmenge auf 125 ml.

TIPP Wenn Sie Papierförmchen verwenden, sparen Sie sich die Reinigung des Muffinblechs. Und Sie haben mit den Förmchen bereits für die perfekte Verpackung gesorgt – jedenfalls sofern Sie nicht Unmengen an Schokolade verwendet haben.

NÄHRWERTE/PORTION (1 Muffin) 126 kcal • Fett 3 g • Natrium 300 mg • Kohlenhydrate 22 g • Ballaststoffe 0 g • Eiweiß 5 g
Nährwertangaben zu weiteren Zutaten finden Sie im Anhang.

PORTIONEN 10
ZUBEREITUNGSZEIT 10 Minuten Vorbereitung, 15 Minuten Backzeit

Reis-Bananen-Muffins

Kleines Geheimnis: Dieser Teig ähnelt sehr dem unserer Reis-Bananen-Pancakes (siehe Seite 78), hier wird er aber für Muffins verwendet, die sich viel besser zum Verzehr unterwegs eignen als Pancakes. Der Teig aus Reis geht beim Backen zwar nicht so auf wie ein Mehlteig, dafür werden die Muffins aber wunderbar leicht und saftig – und schmecken mindestens genauso gut.

GEGART 350 g gegarter weißer Reis (etwa 140 g roher Reis)

2 Eier

1 reife Banane

2 EL brauner Zucker

1 EL Reis- oder Kartoffelmehl

60–125 ml Milch (siehe Hinweis)

1 Prise Salz

ZUTATEN NACH WAHL

1 TL Vanille- oder Mandelextrakt

je 1 TL gemahlener Zimt und geriebene Muskatnuss

1. Den Backofen auf 160 °C vorheizen. Die Mulden eines Muffinblechs leicht einfetten.
2. Reis, Eier, Banane, Zucker, Mehl und die Zutaten Ihrer Wahl im Mixer zügig vermischen. Langsam die Milch unterrühren, bis ein dickflüssiger Teig entsteht.
3. Die Mulden eines Muffinblechs jeweils zur Hälfte mit Teig füllen. Das Blech für 15–20 Minuten in den Ofen schieben, bis die Muffins in der Mitte fest sind (machen Sie die Garprobe mit einem Zahnstocher). Die Muffins gehen während des Backens kaum auf.

Muffins im Blech erkalten lassen, anschließend mit einem Messer behutsam vom Rand lösen und herausheben. In einer luftdicht verschlossenen Dose im Kühlschrank aufbewahren. Die Teigmenge ergibt etwa 10 Muffins.

HINWEIS Die Menge an Milch, die Sie für den Teig benötigen, hängt davon ab, wie trocken der Reis und wie groß die Banane ist. Sollte der Teig zu flüssig sein, lassen Sie ihn 5 Minuten ruhen. In dieser Zeit nimmt der Reis die überschüssige Flüssigkeit auf.

NÄHRWERTE/PORTION (1 Muffin) 77 kcal • Fett 1 g • Natrium 36 mg • Kohlenhydrate 15 g • Ballaststoffe 1 g • Eiweiß 2 g

PORTIONEN 10
ZUBEREITUNGSZEIT 10 Minuten Vorbereitung, 15 Minuten Backzeit

Naturreis-Muffins

In den meisten unserer Rezepte verwenden wir weißen, also geschälten Reis, da er schneller gar ist und einen höheren glykämischen Index aufweist als Naturreis. Wenn Sie Ihr Kraftpaket für unterwegs jedoch ein wenig nährstoffreicher zubereiten wollen, sollten Sie diese Muffins probieren.

GEGART 350 g gegarter Naturreis (etwa 140 g roher Reis)

3 Eier

125 ml Apfelmus

2 EL Melasse (Zuckerrohr-Sirup; aus dem Reformhaus oder Bioladen)

2 EL Reis- oder Kartoffelmehl

60–125 ml Milch (siehe Hinweis)

1 Prise Salz

ZUTATEN NACH WAHL

1 TL Vanille- oder Mandelextrakt

je 1 TL gemahlener Zimt und geriebene Muskatnuss

1. Den Backofen auf 160 °C vorheizen. Die Mulden eines Muffinblechs leicht einfetten.
2. Alle Zutaten (auch die Ihrer Wahl) im Mixer vermengen. Die Muffinmulden jeweils ¾ hoch mit dem Reisteig füllen.
3. Das Blech für 15 Minuten in den Ofen schieben, bis die Muffins in der Mitte fest sind (machen Sie die Garprobe mit einem Zahnstocher). Die Muffins gehen während des Backens kaum auf.

Muffins im Blech vollständig erkalten lassen, anschließend einpacken und als Verpflegung für unterwegs mitnehmen. Ergibt etwa 10 Muffins.

HINWEIS Die Milch langsam und portionsweise unterrühren. Beginnen Sie zunächst mit nur 60 ml. Sollte der gegarte Reis im Kühlschrank trocken geworden sein, werden Sie mehr Milch benötigen.

NÄHRWERTE/PORTION (1 Muffin) 198 kcal • **Fett** 2 g • **Natrium** 41 mg • **Kohlenhydrate** 39 g • **Ballaststoffe** 2 g • **Eiweiß** 5 g

Wenn Sie keine Zeit für die Zubereitung der Waffeln haben (oder kein Waffeleisen besitzen), können Sie auch fertige Waffeln (ohne Zusätze) verwenden. ★

PORTIONEN 3
ZUBEREITUNGSZEIT 25 Minuten

Waffel-Sandwich

Dieses Sandwich aus Waffeln ist eine ungemein praktische Verpflegung für unterwegs, weil seine Füllung, Erdnuss-, Nuss- oder Konfitüreaufstrich, nicht herausquillt, während Sie das Sandwich in Ihrer Trikottasche auf dem Rad dabei haben. Wenn Sie anstelle von Naturreis weißen Reis verwenden, werden Sie mehr Milch brauchen, damit der Teig entsprechend dickflüssig wird.

GEGART **350 g gegarter Natur- oder weißer Reis (etwa 140 g roher Reis)**

3 Eier, leicht verquirlt

1 reife Banane

2 EL Melasse (Zuckerrohr-Sirup; aus dem Reformhaus oder Bioladen)

2 EL Reis- oder Kartoffelmehl

1 Prise Salz

125–250 ml Milch (siehe Hinweis)

FÜR DEN BELAG
(insgesamt 2 EL der folgenden Zutaten)

Frischkäse

Erdnuss-, Mandel- oder Haselnusscreme

Konfitüre

TIPP Für dieses Rezept eignen sich alle unsere Muffin- oder Pancake-Teige. Für die Waffeln im Bild links wurde Naturreis verwendet.

1. Ein Waffeleisen vorheizen.
2. Die Zutaten im Mixer vermischen, dabei langsam so viel Milch untermixen, bis der Teig die gewünschte Konsistenz hat. Er sollte recht dickflüssig sein.
3. Die Backflächen des Waffeleisens einfetten. In die untere Backfläche Teig geben, dabei die Fläche aber nicht vollständig bedecken (der Teig breitet sich beim Schließen des Waffeleisens noch aus). Sobald die Waffeloberfläche knusprig gebacken ist, die Waffel mit einer Holz- oder Silikonzange auf einen Teller heben (eine Gabel kann die Backfläche zerkratzen).
4. Die Waffel auf dem Teller vollständig abkühlen lassen. Inzwischen den restlichen Teig zu Waffeln verarbeiten.
5. Die ausgekühlten Waffeln mit 2 EL Belag Ihrer Wahl bestreichen. In Quadrate oder Spalten schneiden und für den Verzehr unterwegs verpacken.

Wenn Sie die Waffeln auf Vorrat zubereiten und einfrieren wollen, geben Sie sie mit Backpapier voneinander getrennt in einen luftdicht zu verschließenden Gefrierbeutel. Im Toaster lassen sich die gefrorenen Waffeln schnell wieder aufbacken. Waffeln anschließend abkühlen lassen, bevor Sie sie belegen.

HINWEIS Der Waffelteig sollte etwas dickflüssiger sein als der Reisteig für Pancakes.

NÄHRWERTE/PORTION 346 kcal • Fett 5 g • Natrium 153 mg • Kohlenhydrate 61 g • Ballaststoffe 1 g • Eiweiß 11 g

POST-WORKOUT

Unzählige Untersuchungen deuten darauf hin, dass es für ein möglichst gutes Wiederauffüllen der Muskelglykogenspeicher und einen schnelleren Regenerationsprozess sehr wichtig ist, innerhalb von 30 Minuten nach der körperlichen Anstrengung etwas zu essen. Diese Erkenntnis hat zu einem unüberschaubaren Angebot industriell hergestellter Nahrungsmittel und Protein-Shakes geführt, mithilfe derer man optimal regenerieren soll. Dasselbe Ergebnis – wenn nicht sogar ein besseres – kann man aber auch erreichen, wenn man einfach richtig isst.

Unsere Post-Workout-Mahlzeiten sind außerordentlich nahrhaft und in kürzester Zeit zubereitet. Die Salate der Kategorie „Für den kleinen Hunger" beispielsweise können nach einem kürzeren Training im Nu zusammengestellt werden und eignen sich auch, wenn Sie zunehmen wollen. Gerichte aus der Kategorie „Für den großen Hunger" wie die Pasta mit Speck und Mais oder der gebratene Reis mit Hähnchen essen wir regelmäßig nach einem langen Trainingstag.

Für die Kategorie „Aus dem Topf" verwenden Sie am besten einen Schongarer. Diese Rezepte sind zwar bisweilen etwas zeitaufwendiger, dafür kann man die nahrhaften Eintöpfe aber ganz leicht aufwärmen und mit vorgegarten Nudeln oder Reis auch schnell servieren.

Seien Sie einfallsreich – Reste vom gestrigen Abendessen lassen sich häufig in wenigen Minuten zu einer großartigen Mahlzeit nach dem Training zusammenstellen.

EXPRESS-REGENERATION

FÜR DEN KLEINEN HUNGER

AUF DIE HAND

FÜR DEN GROSSEN HUNGER

AUS DEM TOPF

V Vegetarisch
G Glutenfrei

Alle Bete-Sorten gehören für uns mit zu den besten Nahrungsmitteln für Athleten. Sie sind nicht nur reich an Vitaminen und Mineralien, sondern scheinen auch, jüngsten Studien zufolge, die Wirksamkeit von Muskelaufbau-training zu erhöhen. ★

PORTIONEN 4
ZUBEREITUNGSZEIT 10 Minuten

Bruschetta mit Erbsen-Kräuter-Aufstrich

Hier kommt eine hübsche Alternative zu herkömmlicher Bruschetta mit Tomaten. Wir nehmen dafür TK-Erbsen zusammen mit frischen Kräutern, Spinat und Pesto, um das ganze Jahr über leuchtend grünen Frühlingsgeschmack auf den Tisch zu bringen.

1 frisches Baguette, in dicke Scheiben geschnitten

Olivenöl oder Butter

FÜR DEN BELAG

150 g Erbsen (frisch oder TK)

30 g Blattspinat oder ein anderes Blattgemüse

30 g Petersilien-, Basilikum- und/oder Thymianblätter, gehackt

1 EL Pesto (Fertigprodukt)

geriebener Parmesan

frisch gepresster Zitronensaft

1. Die Baguettescheiben auf beiden Seiten mit Öl oder Butter bestreichen und unter dem Backofengrill auf jeder Seite 2–3 Minuten rösten.
2. Für den Belag das Gemüse blanchieren. Dafür reichlich Wasser mit 1 TL Salz in einem großen Topf zum Kochen bringen. Erbsen, Spinat oder anderes Blattgemüse und die Kräuter für etwa 1 Minute ins sprudelnde Wasser geben, bis sie eine leuchtend grüne Farbe annehmen. Sofort in ein Sieb abgießen und mit eiskaltem Wasser abschrecken. Gemüse im Sieb gründlich abtropfen lassen.
3. Das blanchierte Gemüse zusammen mit dem Pesto in der Küchenmaschine zu einem dicken Püree mixen. Mit Salz und Pfeffer abschmecken.

Die gerösteten Baguettescheiben großzügig mit dem Püree bestreichen. Parmesan darüberstreuen und vor dem Servieren mit einem Spritzer Zitronensaft abrunden.

TIPP Sollten Sie kein Pesto vorrätig haben, nehmen Sie stattdessen einfach 1 EL Olivenöl und 1 EL geriebenen Parmesan.

NÄHRWERTE/PORTION 125 kcal • Fett 5 g • Natrium 345 mg • Kohlenhydrate 16 g • Ballaststoffe 3 g • Eiweiß 5 g

PORTIONEN 4
ZUBEREITUNGSZEIT 20 Minuten

Apfelsalat auf geröstetem Brot

Diesen einfachen Salat können Sie sich das ganze Jahr über schmecken lassen. Wenn Sie ihn als Post-Workout-Mahlzeit einplanen, sollten Sie alle Zutaten bis auf die Äpfel schon vorbereitet haben. Die Äpfel lassen sich dann schnell klein schneiden, wenn Sie wieder zu Hause sind. Selbst das Brot können Sie schon im Voraus rösten – die knusprigen Scheiben zusammen mit den knackigen Apfelstücken schmecken auch raumtemperiert gut.

8 Scheiben rustikales Brot

Olivenöl

2–3 Äpfel, Kerngehäuse entfernt, in mundgerechte Stücke geschnitten

1 grüne oder rote Paprikaschote, in mundgerechte Stücke geschnitten

½ Gurke, in mundgerechte Stücke geschnitten

4 EL gehackte Petersilie

FÜR DAS DRESSING

2 EL Olivenöl

2 EL Rotweinessig

1 TL brauner Zucker

¼ grüne Chilischote, sehr fein gehackt (nach Belieben)

4 EL zerbröckelter Ziegenfrischkäse (oder Ricotta salata)

1. Die Brotscheiben auf beiden Seiten mit Olivenöl bestreichen und unter dem Backofengrill auf jeder Seite 2–3 Minuten rösten.
2. In einer mittelgroßen Schüssel die Apfelstücke mit Paprika, Gurke und Petersilie vermischen.
3. Für das Dressing in einer kleinen Schüssel das Olivenöl mit Rotweinessig und Zucker aufschlagen. Nach Belieben fein gehackte Chili unterrühren. Das Dressing mit Salz abschmecken.
4. Den Salat mit Dressing anmachen.

Apfelsalat auf den gerösteten Brotscheiben anrichten und mit Ziegenkäse bestreuen.

HINWEIS Ricotta salata ist ein preiswerter, fester Ricottakäse aus Ziegenmilchmolke.

NÄHRWERTE/PORTION 398 kcal • **Fett** 12 g • **Natrium** 612 mg • **Kohlenhydrate** 64 g • **Ballaststoffe** 6 g • **Eiweiß** 11 g
Nährwertangaben zu weiteren Zutaten finden Sie im Anhang.

Für Abwechslung in diesem Salat sorgen Spinatblätter und feine Möhrenscheiben. Für eine sättigerende Mahlzeit reichen Sie gegrilltes Hähnchenfleisch und Pasta dazu. ★

PORTIONEN 2
ZUBEREITUNGSZEIT 20 Minuten

Blattsalat mit pochierten Eiern und Croûtons

Ein schnell zubereiteter und dabei unglaublich gut schmeckender Salat gelingt Ihnen mit diesem Rezept. Die selbst gemachten Brotwürfel sind – im Gegensatz zu fertigen Croûtons – außen knusprig, aber innen noch schön weich. Sie verleihen dem Salat damit eine wunderbare Konsistenz. Geeignet ist jedes beliebige Brot, auch glutenfreies.

FÜR DIE CROÛTONS

2–4 Scheiben Brot

2 EL Olivenöl

geriebener Parmesan

2 Eier

Essig

2 große Handvoll Blattsalat

FÜR DAS DRESSING

2 EL Olivenöl

Saft von ½ Zitrone

Salz und Pfeffer

1. Den Backofen auf 180 °C vorheizen.
2. Für die Croûtons die Brotscheiben in große, aber noch mundgerechte Würfel schneiden. In einer Schüssel mit dem Olivenöl vermischen, bis alle Brotwürfel von Öl überzogen sind. Mit geriebenem Parmesan, Salz und Pfeffer bestreuen. Brotwürfel auf einem Backblech verteilen und im Backofen in etwa 10 Minuten goldbraun rösten. Das Blech herausnehmen und beiseitestellen.
3. In der Zwischenzeit die Eier pochieren. Dafür in einem Topf Wasser mit einem Schuss Essig leicht sprudelnd aufkochen. Die Eier einzeln in eine Tasse aufschlagen, behutsam in das köchelnde Essigwasser gleiten und 4–5 Minuten darin ziehen lassen. Die Eier mit einem Schaumlöffel herausheben.
4. Für das Dressing in einer kleinen Schüssel Olivenöl mit Zitronensaft aufschlagen und mit Salz und Pfeffer abschmecken.

Den Blattsalat in einer großen Schüssel mit den warmen Croûtons und dem Dressing vermengen. Salat auf zwei Tellern anrichten und darauf je 1 pochiertes Ei geben. Nach Belieben weiteren Parmesan darüberstreuen.

NÄHRWERTE/PORTION 312 kcal • **Fett** 21 g • **Natrium** 489 mg • **Kohlenhydrate** 21 g • **Ballaststoffe** 4 g • **Eiweiß** 13 g

PORTIONEN 2
ZUBEREITUNGSZEIT 10–15 Minuten

Salat Niçoise mit Pasta

Klassischer Salat Niçoise wird unter anderem aus knackigem Romanasalat, grünen Bohnen, hart gekochten Eiern, Thunfisch und einer leichten Zitronen-Aioli zubereitet. Thunfisch aus der Dose ist nicht nur ein preiswerter Eiweißlieferant, sondern in diesem Rezept auch der Garant für stressfreie Zubereitung und ebensolchen Genuss.

2 große Handvoll Romanasalatblätter oder andere Blattsalate

GEGART 120 g gegarte Pasta (z. B. Fusilli; entspricht etwa 50 g trockenen Nudeln)

1 Dose Thunfisch (150 g Inhalt), abgetropft, behutsam zerpflückt

250 g grüne Bohnen

FÜR DAS DRESSING

2 Eigelb, möglichst tagesfrisch (siehe Hinweis)

1 TL fein gehackter Knoblauch

1 EL grobkörniger Senf

1 EL Weißweinessig

2 EL Olivenöl

Saft von ½ Zitrone

GEGART 2 hart gekochte Eier, in Scheiben geschnitten

1. In einer großen Schüssel die Salatblätter mit Pasta und Thunfisch vermengen.
2. Die grünen Bohnen dämpfen. Dafür 125 ml Wasser in eine Sautierpfanne füllen und die Bohnen darin bei mittlerer bis starker Hitze garen, bis das Wasser fast vollständig verdampft ist und die Bohnen leuchtend grün sind. Bohnen zum Salat in die große Schüssel geben.
3. Für das Dressing die Eigelbe mit Knoblauch, Senf und Essig im Mixer auf kleiner Stufe verquirlen, dann bei laufendem Motor langsam das Öl und den Zitronensaft unterrühren. Nehmen Sie etwas mehr Öl, wenn Sie das Dressing dünnflüssiger mögen. Mit Salz und Pfeffer abschmecken.
4. Dressing und hart gekochte Eier zum Salat geben und behutsam durchmischen.

Den Salat mit geriebenem Parmesan bestreuen und mit knusprigem Brot servieren.

HINWEIS Das Dressing für diesen Salat wird mit rohem Eigelb zubereitet. Schwangere und Kranke sollten die Eigelbe durch 2 EL Mayonnaise ersetzen.

NÄHRWERTE/PORTION 416 kcal • **Fett** 25 g • **Natrium** 844 mg • **Kohlenhydrate** 18 g • **Ballaststoffe** 3 g • **Eiweiß** 29 g

PORTIONEN 2
ZUBEREITUNGSZEIT 5 Minuten

Rote-Bete-Salat mit Spinatblättern

Wir hoffen, Sie mittlerweile davon überzeugt zu haben, dass Rote Bete eine größere Rolle in Ihrer Ernährung spielen sollte. Wenn Sie für dieses Rezept keine im Ofen geröstete Rote Bete (siehe Seite 278) zur Hand haben, können Sie sie auch in der Mikrowelle weich garen oder Sie nehmen eingelegte Rote Bete aus dem Glase oder der Dose. Achten Sie bei Fertigprodukten auf höchste Qualität und einen niedrigen Salzgehalt. Eingelegte Bete zunächst abtropfen lassen und dann rasch zubereiten.

2 EL Olivenöl

1 EL Dijon-Senf

Saft von ½ Zitrone

GEGART 200 g gegarte Rote Bete, in Würfel geschnitten

50 g junge Spinatblätter oder andere dunkle Blattsalate

ZUTATEN NACH WAHL

Pita-Brot

geriebener Parmesan oder zerbröckelter Ziegenkäse

pochiertes Ei

1. In einer mittelgroßen Schüssel das Olivenöl mit Senf und Zitronensaft aufschlagen. Gewürfelte Rote Bete und Spinat- oder Salatblätter einfüllen und behutsam mit dem Dressing vermischen.

Den Salat mit Salz und Pfeffer abschmecken und nach Belieben Parmesan oder Ziegenkäse darüberstreuen.

TIPP Sie können den Salat auch warm servieren. Dafür die Rote-Bete-Würfel in einer Sautierpfanne erwärmen, anschließend die Spinatblätter in der Pfanne ein wenig zusammenfallen lassen, ohne dass sie ihr leuchtendes Grün verlieren.

NÄHRWERTE/PORTION 167 kcal • **Fett** 14 g • **Natrium** 366 mg • **Kohlenhydrate** 9 g • **Ballaststoffe** 2 g • **Eiweiß** 2 g

Nährwertangaben zu weiteren Zutaten finden Sie im Anhang.

Bohnen aus der Dose sind überaus praktisch, doch selbst hochwertige Ware enthält häufig versteckte Salze und damit einen hohen Natriumgehalt. Lesen Sie deshalb vor dem Kauf die nährwertbezogenen Angaben auf dem Etikett und spülen Sie die Bohnen vor der Zubereitung gründlich mit Wasser ab. ★

PORTIONEN 3
ZUBEREITUNGSZEIT 15 Minuten

Weißer Bohnensalat auf Röstbroten

Salate auf gerösteten Brotscheiben sind zum einen schnell zubereitete Last-minute-Mahlzeiten, zum anderen ideale Verwerter von Brotresten. Für die Bohnen in diesem Rezept können Sie Ihre Lieblingssorte nehmen – ich empfehle Cannellini- oder Limabohnen. Mit knusprig gebratenem Speck oder Pancetta schmeckt der Salat natürlich noch einen Tick besser.

GEGART 170 g gegarte weiße Bohnen

1 große Möhre, fein gewürfelt

4 EL gehackte Petersilie

1 Knoblauchzehe, fein gehackt

½ kleine Zwiebel oder Frühlingszwiebel, fein gewürfelt

1 Zitrone

2 EL Olivenöl, plus Öl zum Bestreichen der Brote

3–6 Scheiben rustikales Brot (pro Person 1–2 Scheiben)

2 Handvoll bitter schmeckendes Blattgemüse (Chicorée, Senf-, Pastinaken- oder Rote-Bete-Blätter), in mundgerechte Stücke zerpflückt

½ TL rote Chiliflocken

6 EL geriebener Parmesan

1. In einer kleinen Schüssel Bohnen, Möhre, Petersilie, Knoblauch und Zwiebel mit dem Saft ½ Zitrone und dem Olivenöl vermischen. Beiseitestellen.
2. Die Brotscheiben auf beiden Seiten mit Olivenöl bestreichen und unter dem Backofengrill oder in einer heißen Pfanne auf jeder Seite rösten. Sobald Ober- und Unterseite an den Rändern etwas dunkel geworden sind, die Brote von der Hitzequelle nehmen. Sie sollen nicht zu trocken werden.
3. Das Blattgemüse mit dem Saft der übrigen Zitronenhälfte und den Chiliflocken vermischen. Mit Salz abschmecken.

Die Bohnenmischung auf den gerösteten Broten anrichten, mit dem Blattgemüse garnieren und mit Parmesan bestreuen. Zum Abrunden etwas Olivenöl darüberträufeln.

NÄHRWERTE/PORTION 459 kcal • **Fett** 15 g • **Natrium** 719 mg • **Kohlenhydrate** 64 g • **Ballaststoffe** 7 g • **Eiweiß** 18 g

PORTIONEN 4
ZUBEREITUNGSZEIT 15–20 Minuten

Hähnchen-Tacos

Warme Maistortillas, gefüllt mit würzigem Hähnchenfleisch und einer erfrischenden Salsa, ergeben eine perfekte Post-Workout-Mahlzeit zum Regenerieren. Mit ihren intensiven Geschmacksnoten, zu denen sich etwas Salz und Limettensaft gesellen, sind diese Tacos genau das, was ihr Körper jetzt braucht. Wenn Sie das Hähnchenfleisch im Voraus zubereiten, geht alles etwas schneller.

GEGART 175 g gegarter Reis (etwa 70 g roher Reis)

500 g ausgelöstes Hähnchenfleisch ohne Haut, in kleine Würfel geschnitten (siehe Hinweis)

1 Zwiebel, in Streifen geschnitten

2 milde grüne Chilischoten, in Streifen geschnitten

½ TL Chilipulver und/oder gemahlener Kreuzkümmel

frisch gepresster Limettensaft

Salz

4–6 Maistortillas

Salsa von Röstgemüse (siehe Seite 292)

Pikanter Kohlsalat (siehe Seite 290; nach Belieben)

1. Den gegarten Reis mit ein wenig Wasser in eine Sautierpfanne geben und bei mittlerer bis starker Hitze erwärmen. Beiseitestellen.
2. Eine zweite Pfanne dünn einölen und auf mittlerer bis starker Stufe erhitzen. Das Hähnchenfleisch zusammen mit den Zwiebel- und Chilistreifen in die Pfanne geben, mit Chilipulver und/oder Kreuzkümmel nach Belieben würzen und 10–15 Minuten von allen Seiten braten, bis es durchgegart ist und die Zwiebelstreifen weich und gebräunt sind.
3. Mit Limettensaft und Salz abschmecken.
4. Maistortillas in einer Pfanne ohne Fett oder im Backofen 3–5 Minuten durchwärmen.

Die warmen Tortillas mit einigen Löffeln Reis, Hähnchen-Zwiebel-Mix und Salsa füllen. Nach Belieben mit pikantem Kohlsalat anrichten.

HINWEIS Im trainingsintensiven Sommer sollten Sie Schenkelfleisch verwenden, das etwas mehr Fett und Geschmack beisteuert als Brustfleisch, das für weniger intensive Trainingsperioden im restlichen Jahr zu empfehlen ist.

TIPP Natürlich können Sie in diesem Rezept auch fertige Salsa verwenden, wenn Sie für selbst gemachte keine Zeit haben. Wer allerdings bei seinen Freunden richtig Eindruck machen will, der sollte sie frisch zubereiten.

NÄHRWERTE/PORTION 274 kcal • **Fett** 2 g • **Natrium** 244 mg • **Kohlenhydrate** 24 g • **Ballaststoffe** 1 g • **Eiweiß** 36 g

Die gefüllten Tacos können bis zu drei Tage im Kühlschrank aufbewahrt werden und lassen sich problemlos in der Mikrowelle wieder aufwärmen. Wer Heißhunger auf einen Snack hat, wird froh sein, sie zubereitet zu haben. ★

★ Die Tacos schmecken auch gut mit Pico de Gallo (siehe Seite 293)

PORTIONEN 4
ZUBEREITUNGSZEIT 25–30 Minuten

Tacos mit Putenhackfleisch

Das Putenhackfleisch in diesen unkomplizierten Tacos ist ein sehr guter fettarmer Ersatz für Rindfleisch. Würzen Sie das Fleisch mit unserem Taco-Gewürz (siehe Seite 301) oder mit einer fertigen Gewürzmischung, die allerdings keine mysteriösen Zusatzstoffe enthalten sollte. Ist Ihr Hunger sehr groß, schafft frisch zubereiteter Reis Abhilfe, mit dem Sie die Tacos zusätzlich füllen können.

GEGART 350 g gegarter Reis (etwa 140 g roher Reis)

Öl

500 g Putenhackfleisch

1 Zwiebel, gehackt

1–2 EL Taco-Gewürz oder eine andere mexikanische Gewürzmischung

1 EL salzarme Sojasauce

4 EL klein gewürfelte Tomaten und/oder Gurken

1 frische Jalapeño-Chilischote, gehackt

1 kleine Handvoll Korianderblätter, gehackt

Salz und Pfeffer

12 Maistortillas

250 ml Salsa oder Pico de Gallo (Tomaten-Würzsauce)

ZUTATEN NACH WAHL

geriebener Käse

Naturjoghurt

1. Den gegarten Reis mit ein wenig Wasser in eine Sautierpfanne geben und bei mittlerer bis starker Hitze erwärmen. Beiseitestellen.
2. Den Boden einer zweiten Pfanne dünn mit Öl überziehen und das Öl erhitzen. Hackfleisch und Zwiebel unter häufigem Rühren 8–10 Minuten darin braten, bis die Zutaten schön gebräunt sind.
3. Taco- oder mexikanisches Gewürz, Sojasauce, Tomaten- oder Gurkenwürfel und die klein gehackte Chilischote unterrühren, anschließend die Pfanne vom Herd nehmen. Pfanneninhalt mit gehackten Korianderblättern bestreuen, nach Geschmack salzen und pfeffern.
4. Die Tortillas nacheinander in einer Pfanne ohne Fett durchwärmen, dabei jeweils nach 1–2 Minuten einmal wenden. Oder die Tortillas flach auf dem Gitterrost des Backofens auslegen und den Rost für etwa 5 Minuten in den auf 190 °C vorgeheizten Ofen schieben.

Die warmen Tortillas auf die Arbeitsfläche legen und jeweils zuerst Reis, anschließend Fleisch und zuletzt Salsa darauf geben. Nach Belieben noch mit geriebenen Käse bestreuen und mit einem Klecks Joghurt servieren.

NÄHRWERTE/PORTION 457 kcal • **Fett** 5 g • **Natrium** 1.036 mg • **Kohlenhydrate** 71 g • **Ballaststoffe** 6 g • **Eiweiß** 34 g

Nährwertangaben zu weiteren Zutaten finden Sie im Anhang.

PORTIONEN 6
ZUBEREITUNGSZEIT 10 Minuten

Käse-Schinken-Burritos

Wir halten Burritos immer im Gefrierfach vorrätig – und reichen sie entweder als Snack, als Mahlzeit nach einer Tour oder geben sie für unterwegs mit, da man sie leicht in der Tasche verstauen kann. In diesem einfachen Rezept dienen entweder Reis oder Kartoffeln als Grundlage. Burritos sind unter Athleten weltweit beliebt, und im Prinzip geht es nur darum, dass Sie Ihre Lieblingsversion finden.

- GEGART **500 g gegarter Reis (etwa 200 g roher Reis) oder 600 g gegarte Kartoffeln, klein gewürfelt**
- **150 g gekochter Schinken, klein gewürfelt**
- **100 g geraspelter Käse**
- **125 ml Salsa (Fertigprodukt)**
- GEGART **170 g gegarte Bohnen**
- GEGART **4 Rühreier (nach Belieben)**
- **6 große Vollkorntortillas (Durchmesser 25–30 cm)**

1. Bis auf die Tortillas die Zutaten vermengen und mit Salz und Pfeffer abschmecken.
2. Die Tortillas nacheinander in einer Pfanne ohne Fett durchwärmen, dabei nach 1–2 Minuten einmal wenden. Auf jede Tortilla sofort jeweils ⅙ der Füllung geben, die Ränder einschlagen und die Tortilla eng aufrollen.

Warm genießen oder einpacken und für eine spätere Verwendung einfrieren.

HINWEIS Wenn Sie die Burritos sofort servieren möchten, lassen Sie die Zutaten – außer Käse und Tortillas – zusammen in einer Sautierpfanne schön heiß werden, bevor sie die Tortillas füllen und mit Käse bestreuen.

TIPP Gefrorene Burritos lassen sich in der Mikrowelle rasch wieder aufwärmen.

NÄHRWERTE / PORTION (1 Burrito) 445 kcal • **Fett** 13 g • **Natrium** 688 mg • **Kohlenhydrate** 64 g • **Ballaststoffe** 4 g • **Eiweiß** 18 g
Nährwertangaben zu weiteren Zutaten finden Sie im Anhang.

PORTIONEN 6
ZUBEREITUNGSZEIT 10 Minuten

Hähnchen-Wraps mit Honig und Ingwer

Für dieses einfache Rezept benötigen Sie so gut wie keine Küchengeräte und wenig Zeit. Die Wraps sind perfekt, wenn Sie auf Reisen sind, denn die Zutaten dafür sind schnell aufgetrieben und lassen sich anschließend problemlos zusammenstellen.

GEGART 350 g gegarter Reis (etwa 140 g roher Reis)

GEGART 250 g gegartes Hähnchenfleisch, in Streifen geschnitten

2 EL Honig

2 TL frisch geriebener Ingwer

1 EL Olivenöl

Saft von ½ Zitrone oder etwa 1 EL Essig

ZUTATEN NACH WAHL

1 kleine Handvoll Blattsalate oder Blattgemüse

fein gehackte Chilischote oder Knoblauch

rote Chiliflocken

Radieschen

6 große Vollkorntortillas (Durchmesser 25–30 cm)

1. Den gegarten Reis mit ein wenig Wasser in eine Sautierpfanne geben und bei mittlerer bis starker Hitze erwärmen. Beiseitestellen.
2. Die restlichen Zutaten (auch die Ihrer Wahl) vermengen und etwa 1 Minute durchziehen lassen, damit das Hähnchenfleisch die Aromen aufnehmen kann. Mit Salz und Pfeffer abschmecken.
3. Die Tortillas nacheinander in einer Pfanne ohne Fett durchwärmen, dabei nach 1–2 Minuten einmal wenden. Auf jede Tortilla sofort jeweils ⅙ der Füllung geben, die Ränder einschlagen und die Tortilla eng aufrollen.

TIPP Ob Sie gegrilltes, in der Pfanne gebratenes oder gebackenes Hähnchenfleisch verwenden, ist egal, es passt so oder so gut zu Reis.

NÄHRWERTE/PORTION 500 kcal • **Fett** 15 g • **Natrium** 228 mg • **Kohlenhydrate** 19 g • **Ballaststoffe** 0 g • **Eiweiß** 71 g
Nährwertangaben zu weiteren Zutaten finden Sie im Anhang.

PORTIONEN 1
ZUBEREITUNGSZEIT 10 Minuten

Grilled Cheese Sandwich

Dieses Basisrezept für einen Sandwich-Klassiker der USA können Sie nach Lust und Laune mit allen möglichen Zutaten abwandeln und geschmacklich abrunden. Da das Sandwich mehr Fett und Milchprodukte enthält als üblicherweise, sollten Sie es als Post-Workout-Snack in der Mitte oder zum Ende einer Saison einplanen, wenn Ihr Körper wieder mehr Kalorien brauchen kann.

2 dicke Scheiben Brot

1 EL streichfähiger Frischkäse

1 Msp. geriebene Muskatnuss

4 dünne Scheiben Schweizer Emmentaler

60 g eingelegte geröstete rote Paprikaschoten oder grüne Chilischoten, abgetropft

Olivenöl

ZUTATEN NACH WAHL

gegrillte grüne Spargelstangen

gebratener Frühstücksspeck

sonnengetrocknete Tomaten

Ziegenkäse

Trüffelöl

1. Die Brotscheiben auf der Oberseite mit je ½ EL Frischkäse bestreichen (diese Seiten werden später aufeinandergelegt).
2. Etwas geriebene Muskatnuss darüberstreuen und die Scheiben jeweils mit Käse und gerösteter Paprika oder Chilischote belegen.
3. Brotscheiben wie ein Sandwich zusammenklappen und Ober- und Unterseite mit Olivenöl einpinseln. Das Sandwich in einer heißen Sautierpfanne von beiden Seiten rösten, bis der Käse im Inneren geschmolzen ist und Ober- und Unterseite goldbraun sind.

NÄHRWERTE/PORTION 686 kcal • **Fett** 38 g • **Natrium** 1.033 mg • **Kohlenhydrate** 58 g • **Ballaststoffe** 6 g • **Eiweiß** 32 g

Nährwertangaben zu weiteren Zutaten finden Sie im Anhang.

PORTIONEN 2
ZUBEREITUNGSZEIT 15 Minuten

Pasta mit Speck und Mais

Dieses leichte, wohlschmeckende Nudelgericht enthält jede Menge frische, rohe Maiskörner. Wir bereiten es in der Regel am Tag vor einem Training oder Rennen zu und stellen es kühl, damit es sofort nach der Belastung gegessen werden kann. Egal, ob heiß oder kalt genossen: Es ist eine hervorragende Post-Workout-Mahlzeit.

250 g Capellini (sehr dünne Spaghetti)

250 g Frühstücksspeck, in kleine Stücke geschnitten

2 frische Maiskolben

1 Tomate, klein gewürfelt

4 EL Basilikumblätter, in Streifen geschnitten

1½ EL Olivenöl

1. Reichlich Wasser in einem großen Topf zum Kochen bringen und die Capellini darin 6–8 Minuten garen, bis sie al dente sind.
2. Inzwischen den Speck in einer mittelgroßen Sautierpfanne braten. Sobald er knusprig ist, Fett aus der Pfanne gießen und den Speck zum Entfetten in Küchenpapier wickeln.
3. Mit einem Messer die Maiskörner vorsichtig von den Kolben schneiden.
4. Nudeln abgießen und in einer großen Schüssel mit Speck und Mais vermischen. Tomatenwürfel, Basilikum und Oli3venöl dazugeben, die Zutaten durchmengen und mit Salz und Pfeffer abschmecken.

Mit geriebenem Parmesan bestreuen und mit einem Spritzer Zitronensaft abrunden.

TIPP Für eine größere Eiweißration nehmen Sie anstelle des Specks gebratenes Hähnchenfleisch oder Eier.

NÄHRWERTE/PORTION 679 kcal • **Fett** 20 g • **Natrium** 969 mg • **Kohlenhydrate** 108 g • **Ballaststoffe** 7 g • **Eiweiß** 23 g

PORTIONEN 2
ZUBEREITUNGSZEIT 10–15 Minuten

Gebratener Reis mit Hähnchen

Dieses Rezept bereite ich immer wieder gern in Trainingslagern, bei Rennen oder auch für spontane Abendessen bei mir zu Hause zu. Und ich kenne einige Athleten, die es inzwischen zu ihrem Lieblingsessen nach einem Renntag auserkoren haben.

1 EL fein gehackter Knoblauch (etwa 2 Knoblauchzehen)

2–3 Frühlingszwiebeln, fein gewürfelt oder in dünne Scheiben geschnitten

3 Eier

2 EL salzarme Sojasauce

GEGART **350 g gegarter Reis (etwa 140 g roher Reis)**

GEGART **klein geschnittenes Fleisch von 2–3 ausgelösten Hähnchenoberschenkeln (etwa 125 g)**

75 g TK-Erbsen

75 g TK-Mais

ZUTATEN NACH WAHL

Sriracha-Sauce (scharfe Chilisauce)

Sesamöl

1. Eine dünn eingeölte Sautierpfanne auf mittlerer bis starker Stufe erhitzen. Knoblauch und Frühlingszwiebeln darin etwa 1 Minute dünsten.
2. In einer kleinen Schüssel die Eier mit der Sojasauce kräftig verquirlen und in die heiße Pfanne gießen. Die Pfanne sollte so heiß sein, dass die Eimasse aufwallt und anschließend unter ständigem Rühren schnell gart.
3. Reis und Hähnchenfleisch untermischen und alles 5–6 Minuten braten.
4. Erbsen und Mais dazugeben und garen lassen, bis das Gemüse durcherhitzt ist und eine satte Farbe angenommen hat.

Mit Salz, Chilisauce, weiterer Sojasauce oder Sesamöl abschmecken.

NÄHRWERTE/PORTION 605 kcal • **Fett** 17 g • **Natrium** 727 mg • **Kohlenhydrate** 68 g • **Ballaststoffe** 4 g • **Eiweiß** 39 g

Nährwertangaben zu weiteren Zutaten finden Sie im Anhang.

Traditionell wird für gebratenen Reis mit Hähnchenfleisch Sesamöl verwendet, das dem Gericht authentische asiatische Geschmacksnoten verleiht; genauso übrigens wie Frühlingszwiebeln, die geschmacklich weniger dominant sind als andere Zwiebelsorten. ★

PORTIONEN 2
ZUBEREITUNGSZEIT 10 Minuten

Nudelsalat mit Oliven und Roter Bete

Wir kochen Gemüse nicht gern in Wasser, da es bei dieser Zubereitungsart seine Nährstoffe verliert. Bei diesem Salat wird die Rote Bete deshalb in der Mikrowelle weich gegart und anschließend kurz in der Pfanne gebraten – die Knollen entwickeln dabei eine wunderbare Süße und einen großartigen Geschmack.

2 EL Olivenöl

GEGART **500 g gegarte Rote Bete, in Würfel geschnitten**

GEGART **500 g gegarte Penne oder Ziti (kurze Hohlnudeln)**

50 g entsteinte Kalamata-Oliven, gehackt

1 EL körniger Senf

4 EL gehackte Petersilie

Saft von 1 Zitrone

geriebener Parmesan (nach Belieben)

1. Eine dünn eingeölte Sautierpfanne auf mittlerer bis starker Stufe erhitzen. Die Rote-Bete-Würfel darin unter ständigem Rühren etwa 5 Minuten braten, bis sie außen leicht knusprig werden.
2. Nudeln, Rote Bete und die restlichen Zutaten in einer Servierschüssel vermengen.

Den Salat mit Salz und Pfeffer abschmecken und nach Belieben mit Parmesan bestreuen.

NÄHRWERTE/PORTION 607 kcal • **Fett** 16 g • **Natrium** 551 mg • **Kohlenhydrate** 112 g • **Ballaststoffe** 13 g • **Eiweiß** 10 g

PORTIONEN 2
ZUBEREITUNGSZEIT 15 Minuten

Brotsalat

Wenn Sie mal genug haben von all dem Reis und der vielen Pasta, dann ist dieser Salat genau das Richtige. Er ist zudem ein praktischer Resteverwerter, da er altes Brot in eine köstliche Post-Workout-Mahlzeit verwandelt. Und Sie können je nach Jahreszeit auch noch kreativ werden: Mit frischen Kräutern, Sprossen und hart gekochten Eiern wird der Salat zum Frühlingsgericht, im Sommer bieten sich Gemüsemais und Basilikum an, mit karamellisierten Zwiebeln (anstelle der rohen) und gerösteter Roter Bete sind Sie im Herbst angekommen und im Winter greifen Sie zu Lachs, Thymian und Frühstücksspeck.

200 g rustikales Brot, in mundgerechte Würfel geschnitten

4 EL Olivenöl

1 Tomate, klein gewürfelt

¼ kleine Zwiebel, in feine Ringe geschnitten

1 TL Rotweinessig oder Aceto balsamico

2 EL geriebener Parmesan

ZUTATEN NACH WAHL

siehe die jahreszeitlichen Zutaten oben

1. Sehr trockenes und hartes Brot sollten Sie zunächst mit ein wenig Wasser befeuchten und ein paar Minuten einweichen lassen. Anschließend die überschüssige Flüssigkeit ausdrücken.
2. Die Brotwürfel in einer Pfanne auf dem Herd oder auf einem Backblech im Ofen kurz rösten und durchwärmen.
3. In einer großen Schüssel die Brotwürfel mit den restlichen Zutaten vermischen, den Salat mit Salz und Pfeffer abschmecken und mit Parmesan bestreuen.

HINWEIS Zum Karamellisieren der Zwiebeln (wie in der Herbstversion des Salats oben beschrieben und links abgebildet) rühren Sie 4 EL braunen Zucker in 125 ml Wasser und garen darin die rohen Zwiebelringe, bis sie goldbraun sind.

TIPP Sollte das Brot immer noch zu hart sein, vermischen Sie es mit etwas mehr Olivenöl und dem Saft, der beim Würfeln der Tomaten austritt.

NÄHRWERTE / PORTION 663 kcal • Fett 34 g • Natrium 856 mg • Kohlenhydrate 75 g • Ballaststoffe 11 g • Eiweiß 21 g

PORTIONEN 2
ZUBEREITUNGSZEIT 20 Minuten

Pasta mit Thunfisch und Brokkoli

Mit diesem Post-Workout-Gericht bleiben Sie in vielerlei Hinsicht beweglich. Wer nach einer Trainingseinheit mit Kohldampf nach Hause kommt, nimmt Thunfisch aus der Dose und TK-Brokkoli, um seinen Hunger schnell stillen zu können. Wer sich Zeit nehmen kann, bereitet die Nudeln mit Gelbflossenthunfisch und frischem Brokkoli zu. Egal, welche Zubereitung für Sie infrage kommt, am besten schmeckt dieses Gericht mit Eiernudeln.

250 g frischer Gelbflossenthunfisch

1 EL Olivenöl

350 g Brokkoli, in mundgerechte Röschen zerteilt

1 TL fein gehackter Knoblauch

½ kleine Zwiebel, klein gewürfelt oder in Streifen geschnitten

1 EL salzarme Sojasauce

GEGART 400 g gegarte Pasta (z. B. Fettuccine; etwa 200 g trockene Nudeln)

rote Chiliflocken (nach Belieben)

1. Thunfisch auf beiden Seiten leicht salzen und pfeffern. Eine dünn eingeölte Sautierpfanne auf hoher Stufe erhitzen. Den Fisch darin auf beiden Seiten scharf anbraten, anschließend bei etwas reduzierter Temperatur weiterbraten, bis das Fischfleisch im Inneren nahezu weiß ist. Pfanne vom Herd nehmen, den Fisch herausheben und etwas abkühlen lassen, dann in Stücke zerpflücken. (Wenn Sie Dosenthunfisch oder Bohnen verwenden, können Sie diesen Schritt überspringen.)
2. Brokkoliröschen, Knoblauch und Zwiebel in die Pfanne geben und bei starker Hitze 3–5 Minuten braten, bis der Brokkoli eine leuchtend grüne Farbe annimmt.
3. Das in Stücke zerpflückte Fischfleisch und die Sojasauce unter Rühren mit dem Brokkoli vermischen. Den Herd ausschalten. Die gegarten Nudeln unter Fisch und Gemüse heben.

Mit roten Chiliflocken oder frisch gemahlenem schwarzem Pfeffer würzen.

TIPP **Frischen Gelbflossenthunfisch können Sie durch eine Dose (150 g Inhalt) Weißen Thunfisch oder 170 g gegarte Bohnen ersetzen.**

NÄHRWERTE/PORTION 665 kcal • **Fett** 13 g • **Natrium** 672 mg • **Kohlenhydrate** 88 g • **Ballaststoffe** 7 g • **Eiweiß** 48 g

PORTIONEN 2
ZUBEREITUNGSZEIT 10 Minuten

Bunter Nudelsalat mit Hähnchen

Ganz schnell ist dieser Salat zubereitet, wenn Sie gegarte Nudeln portioniert im Kühlschrank vorrätig halten. Sollten Sie für den Salat glutenfreie Nudeln verwenden, prüfen Sie deren Gehalt an Kohlenhydraten und stellen Sie sicher, genug Kohlenhydrate zu sich zu nehmen.

GEGART 300 g gegarte Hörnchennudeln (etwa 125 g trockene Nudeln)

GEGART 75 g gegartes Hähnchenfleisch, in Würfel geschnitten

80 g Cherrytomaten, halbiert, oder Tomaten, in Würfel geschnitten

1 Handvoll grob gehackte Petersilie

2 EL Olivenöl

Saft von ½ Zitrone

2 Handvoll (etwa 50 g) gemischte Salatblätter

geriebener Parmesan

ZUTATEN NACH WAHL

4 EL Rosinen

4 EL geröstete Walnüsse, Pekannüsse oder Mandeln

1. Sämtliche Zutaten bis auf die Salatblätter und den Parmesan in einer großen Schüssel vermengen und mit Salz und Pfeffer abschmecken. Salatblätter und gegebenenfalls die Zutaten Ihrer Wahl unterheben.

Den Salat mit geriebenem Parmesan und mit Salz sowie frisch gemahlenem schwarzem Pfeffer bestreuen.

NÄHRWERTE/PORTION 441 kcal • Fett 17 g • Natrium 678 mg • Kohlenhydrate 50 g • Ballaststoffe 5 g • Eiweiß 24 g
Nährwertangaben zu weiteren Zutaten finden Sie im Anhang.

Spinatblätter sind Ballaststoffe pur, deshalb sollten Sie nur so viel davon essen, wie es der jeweiligen Trainingssituation angemessen ist. Wenn Sie beispielsweise am nächsten Tag eine lange Trainingseinheit absolvieren müssen, sollten sie wenig Spinat nehmen oder ganz auf ihn verzichten. An Tagen hingegen, an denen Sie pausieren, sind Berge von Grünzeug und Gemüse auf dem Speiseplan goldrichtig.

PORTIONEN 4
ZUBEREITUNGSZEIT 10 Minuten

Orzo-Salat mit Basilikum

Die kleinen, reisförmigen Nudeln zählen zu den Pasta-Favoriten, die wir im Kühlschrank als „Soforthilfe" gegen Hungerattacken vorrätig halten. Aufgrund ihrer kompakten Form sind sie im Nu gegart und lassen sich – wie in diesem Rezept – besonders gut mit ebenfalls kleinen Zutaten wie Cashewkernen und Rosinen mischen.

GEGART 550 g gegarte Orzo-Nudeln (etwa 180 g trockene Nudeln)

GEGART 100 g gegarte Kidneybohnen, abgetropft (entspricht etwa 50 g trockenen Bohnen)

4 EL Cashew- oder Pinienkerne

4 EL Rosinen

2 EL Olivenöl

4–5 ganze Basilikumblätter

frisch gepresster Zitronensaft

ZUTATEN NACH WAHL
(4 EL insgesamt)

Spinatblätter

zerbröckelter Schafskäse

Naturjoghurt

gewürfelte Möhren, Äpfel oder Paprikaschoten

1. Die gegarten Nudeln mit den restlichen Zutaten – auch den Zutaten Ihrer Wahl – in einer großen Schüssel vermengen. Nach Geschmack salzen und mit frisch gepresstem Zitronensaft abrunden.

NÄHRWERTE/PORTION 251 kcal • **Fett** 12 g • **Natrium** 190 mg • **Kohlenhydrate** 63 g • **Ballaststoffe** 3 g • **Eiweiß** 12 g
Nährwertangaben zu weiteren Zutaten finden Sie im Anhang.

PORTIONEN 2
ZUBEREITUNGSZEIT 5–15 Minuten

Nudelsalat mit Walnüssen und Blauschimmelkäse

Den Rekordwert von unter 5 Minuten Zubereitungszeit halten Sie bei diesem Rezept, wenn die Nudeln bereits gegart und im Kühlschrank kalt gestellt wurden. Dieser Salat verwandelt sich in ein großartiges Hauptgericht, wenn Sie gebratenes Hähnchenfleisch oder gegrilltes Gemüse dazugeben.

2 EL Olivenöl

4 EL gehackte Walnusskerne

2 EL gehackte Petersilie

1 EL körniger Senf

1 EL zerbröckelter Blauschimmelkäse

GEGART 300 g gegarte Fettucini (italienische Bandnudeln; etwa 150 g rohe Nudeln), gekühlt

2 Handvoll gemischte junge Salatblätter

frisch gepresster Zitronensaft

ZUTATEN NACH WAHL

gebratenes Hähnchenfleisch

gegrilltes Gemüse

frisches Basilikum

1. In einer großen Schüssel das Olivenöl mit Walnüssen, Petersilie, Senf und Käse verrühren. Nudeln und gegebenenfalls die Zutaten Ihrer Wahl dazugeben und gut durchmischen.

Die Nudeln auf den Salatblättern anrichten und nach Geschmack salzen und mit Zitronensaft beträufeln.

TIPP Mit gerösteten Walnüssen wird der Salat noch aromatischer, und für das Rösten selbst brauchen Sie nur wenige Minuten. Rösten Sie die Nüsse entweder auf dem Herd in einer kleinen Pfanne ohne Fett oder auf einem Backblech im 180 °C heißen Ofen. Lassen Sie die Nüsse nicht aus den Augen, sie verbrennen schnell!

NÄHRWERTE/PORTION 660 kcal • **Fett** 28 g • **Natrium** 503 mg • **Kohlenhydrate** 89 g • **Ballaststoffe** 6 g • **Eiweiß** 20 g

Nährwertangaben zu weiteren Zutaten finden Sie im Anhang.

PORTIONEN 4
ZUBEREITUNGSZEIT 20 Minuten

Orangenhähnchen mit Rotkohl

Die Orangenmarmelade verleiht diesem Hähnchengericht eine angenehme Süße. Zuckerhaltige Saucen wie in diesem Rezept sollten Sie vor allem nach dem Training essen, aber möglichst nicht zum Abendessen. Auch wenn dieses Rezept etwas Zeit beansprucht, ist die Zubereitung doch überraschend einfach.

400 g Calrose-Reis oder ein anderer Mittelkornreis

750 ml Wasser

500 g ausgelöstes Hähnchenfleisch ohne Haut, in mundgerechte Stücke geschnitten

150 g Reismehl

50 g Rotkohl, in Streifen geschnitten

½ kleine rote Zwiebel, in feine Ringe geschnitten

1 Jalapeño-Chilischote, in feine Scheiben geschnitten

FÜR DIE SAUCE

4 EL Orangenmarmelade

1 EL Sojasauce

1 TL Chilisauce (oder nach Geschmack)

1. Den Reis mit dem Wasser in einen Reiskocher geben und garen.
2. In der Zwischenzeit das Hähnchenfleisch in einer großen Schüssel im Reismehl wenden. Herausnehmen und überschüssiges Mehl abschütteln.
3. In einer dünn eingeölten mittelgroßen Sautierpfanne die mehlierten Fleischstücke von allen Seiten in etwa 5 Minuten leicht bräunen.
4. Rotkohl, Zwiebel und Chilischote hinzufügen und 3–5 Minuten dünsten, bis sie weich sind. Die Pfanne vom Herd nehmen.
5. Für die Sauce Orangenmarmelade mit Soja- und Chilisauce kräftig verrühren.

Die Sauce über Fleisch und Gemüse geben und gleichmäßig unterrühren. Mit Salz und Pfeffer abschmecken. Auf dem gegarten Reis anrichten oder den Reis separat dazu reichen.

NÄHRWERTE/PORTION 707 kcal • **Fett** 17 g • **Natrium** 378 mg • **Kohlenhydrate** 107 g • **Ballaststoffe** 7 g • **Eiweiß** 32 g

PORTIONEN 4
ZUBEREITUNGSZEIT 15 Minuten Vorbereitung, 2 Stunden Garzeit

Lammragout mit Kichererbsen

Dieses herzhafte Lammragout eignet sich am besten für ein Abendessen nach dem Training oder an Regenerationstagen. Wenn Sie getrocknete Kichererbsen verwenden, müssen Sie sie am Abend zuvor einweichen, andernfalls können Sie auch Kichererbsen aus der Dose nehmen. Das Ragout lässt sich auf dem Herd, im Schongarer oder im Backofen zubereiten und hält sich bis zu einer Woche im Kühlschrank.

Olivenöl oder Pflanzenöl

1 kg Lammfleisch, in Stücke geschnitten

2 Zwiebeln, gewürfelt

2–4 EL Currypulver (nach Belieben)

1 Dose (140 g) Tomatenmark

125 ml Apfelessig

0,75–1,5 l Wasser (siehe Hinweis)

400 g getrocknete Kichererbsen, abgespült, über Nacht eingeweicht und kalt gestellt

2 Knoblauchzehen, fein gehackt (nach Belieben)

1. In einem großen ofenfesten Topf einige Esslöffel Öl auf hoher Stufe erhitzen und das Lammfleisch im heißen Öl von allen Seiten bräunen. Zwiebeln dazugeben und unter Rühren ein paar Minuten dünsten, bis sie etwas weich werden.
2. Nach Belieben das Currypulver, dann Tomatenmark und Essig einrühren, anschließend so viel Wasser angießen, dass die Fleischstücke fast davon bedeckt sind. Eingeweichte Kichererbsen und nach Belieben den Knoblauch gründlich unterrühren. (Kichererbsen aus der Dose erst dazugeben, wenn das Fleisch durchgegart und zart ist.)
3. Das Lammragout im verschlossenen Topf etwa 2 Stunden bei mittlerer Hitze schmoren lassen oder für 4–5 Stunden in den Schongarer geben. Nach der Hälfte der Garzeit den Flüssigkeitsstand im Topf prüfen und gegebenenfalls weiteres Wasser zugießen, damit das Fleisch nicht austrocknet. Das Ragout ist fertig, wenn das Fleisch so zart ist, dass es sich mühelos mit einer Gabel zerteilen lässt.
4. Ragout mit Salz und Pfeffer abschmecken und nun die Kichererbsen aus der Dose, falls verwendet, untermischen.

Das Ragout mit frischen grünen Chiliringen und Korianderblättern garnieren und auf gedämpftem Reis servieren.

HINWEIS Wenn Sie Kichererbsen aus der Dose verwenden, benötigen Sie nur 750 ml Wasser und geben die Kichererbsen erst dazu, wenn das Fleisch butterweich und servierfertig ist.

NÄHRWERTE/PORTION 750 kcal • **Fett** 35 g • **Natrium** 768 mg • **Kohlenhydrate** 36 g • **Ballaststoffe** 10 g • **Eiweiß** 71 g

Das geschmorte Schweinefleisch können Sie, in kleinen Gefrierbeuteln verpackt, einfrieren und anschließend immer nur so viel davon in einer heißen Pfanne aufwärmen, wie Sie gerade benötigen. Schmeckt gut mit Tacos oder gedämpftem Reis und Blattgemüse. ★

PORTIONEN 10
ZUBEREITUNGSZEIT 20 Minuten Vorbereitung, 2 Stunden Garzeit

Schweinefleisch mit Ananas

Mit diesem Rezept geben wir Ihnen einen unserer Rekordhalter an die Hand, der besonders nach einem langen Training oder an einem Ruhetag zu empfehlen ist – Sie und Ihre Freunde werden dieses Gericht ganz bestimmt mögen. Die Ananas bewirkt, dass das Fleisch superzart und nach der großen Belastung auch leicht verdaut wird. Die trockene Würzmischung wiederum, mit der das Schweinefleisch eingerieben wird, ist sehr salzhaltig, gleicht damit jedoch – zum richtigen Zeitpunkt gegessen – schnell den durch das Training bewirkten Natriumverlust aus.

2–3 kg Schweinelende

Olivenöl oder Pflanzenöl

150–300 g frische Ananas, das Fruchtfleisch in Würfel geschnitten

2–3 mittelgroße Zwiebeln, in große Stücke geschnitten

4 Jalapeño-Chilischoten, entkernt, in Stücke geschnitten

250–500 ml Apfel- und/oder Ananassaft

250–500 ml Weißwein oder Leichtbier (siehe Hinweis)

TROCKENE WÜRZMISCHUNG

450 g grobes Meersalz

100 g grober Rohzucker oder brauner Zucker

4 EL grob gemahlener schwarzer Pfeffer

je 1 EL gemahlener Zimt, Chilipulver und Selleriesalz

1. Den Backofen auf 160 °C vorheizen.
2. Für die trockene Würzmischung alle Zutaten in einer Schüssel gründlich vermengen. 8 EL davon abmessen und beiseitestellen; sie können die Würzmischung für jede Art von Fleisch weiterverwenden, sie hält sich luftdicht verschlossen mehrere Wochen.
3. Die Schweinelende in 3–4 große Stücke schneiden und gleichmäßig mit den 8 EL der Würzmischung einreiben. In einem großen ofenfesten Topf einige Esslöffel Öl auf hoher Stufe erhitzen und das Fleisch darin von allen Seiten anbraten.
4. Ananas, Zwiebeln und Chilischoten unterrühren.
5. Saft, Wein oder Bier zu gleichen Teilen angießen, bis das Fleisch vollständig davon bedeckt ist. Den Topf mit einem Deckel oder mit Alufolie fest verschließen und das Fleisch 2 Stunden im Ofen schmoren.
6. Den Topf aus dem Ofen nehmen, das Fleisch abkühlen lassen, anschließend in kleine Stücke schneiden. Portionsweise verpacken und einfrieren.

Für eine Mahlzeit das Fleisch kurz in einer heißen Pfanne aufwärmen und nach Belieben frische Zwiebelringe mitbraten.

HINWEIS Anstelle von Wein oder Bier können Sie auch 375 ml Hühner- oder Gemüsebrühe zusammen mit 125 ml Essig verwenden.

NÄHRWERTE/PORTION 532 kcal • **Fett** 27 g • **Natrium** 58 mg • **Kohlenhydrate** 17 g • **Ballaststoffe** 1 g • **Eiweiß** 49 g
WÜRZMISCHUNG (8 EL) 40 kcal • **Fett** 0 g • **Natrium** 1.000 mg • **Kohlenhydrate** 12 g • **Ballaststoffe** 0 g • **Eiweiß** 0 g
Die Angaben beruhen auf 2 kg Schweinelende, 375 ml Ananassaft und 250 ml Weißwein.

ABENDESSEN

Unsere Gerichte zum Abendessen sollen gesund und optisch ansprechend sein und Freude am Kochen vermitteln. Sie erfordern daher etwas mehr Zeit und Sorgfalt bei der Zubereitung und sind dafür gedacht, gemeinsam mit anderen genossen zu werden. Uns ist natürlich klar, dass sich manchmal auch das Abendessen einem engen Zeitplan unterordnen muss, weshalb wir auch Mahlzeiten für „Auf die Hand" entwickelt haben.

Die Gerichte „Aus der Schüssel" sind in erster Linie nährstoffreiche Suppen – kein Vergleich zu den Kohlenhydratbomben der süßen Schüsseln aus dem Frühstückskapitel. Vorwiegend Salate finden sich in der Kategorie „Für den kleinen Hunger". Essen Sie sie vor oder nach dem Hauptgericht, oder, wenn Sie auf Ihr Gewicht achten wollen, auch als eigene Mahlzeit. Die Gerichte „Für den großen Hunger" in diesem Kapitel enthalten vor allem Proteine und sollten zusammen mit Kohlenhydraten serviert werden. (Siehe die Rezepte für Reis, Nudeln, Couscous, Quinoa, Polenta oder Kartoffeln im Kapitel „Grundlagen".)

Für einen Athleten ist das Abendessen allerdings auch jene Mahlzeit, bei der er auf die Portionsgröße achten muss. Wir befürworten keineswegs, dass sich Sportler vor, während oder nach dem Training beim Essen zurückhalten. Die Rezepte dieses Kapitels jedoch ergeben unsere größten und manchmal reichhaltigsten Mahlzeiten, bei denen es vielleicht sinnvoll ist, manchmal einen Gang zurückzuschalten. Zu genießen gibt es dennoch viel.

AUS DER SCHÜSSEL

FÜR DEN KLEINEN HUNGER

AUF DIE HAND

FÜR DEN GROSSEN HUNGER

V Vegetarisch
G Glutenfrei

PORTIONEN 4
ZUBEREITUNGSZEIT 20 Minuten

Nudelsuppe mit Kräutern

Suppen mag ich das ganze Jahr über. Ihre Zubereitung ist unkompliziert, sie sind leicht verdaulich, und ihre Nährstoffe können aufgrund der flüssigen Form leicht vom Körper aufgenommen werden – was umso wichtiger wird, je weiter die Saison voranschreitet.

Olivenöl

½ Zwiebel, fein gewürfelt

1 Tomate, gewürfelt

1 l Hühner- oder Gemüsebrühe

120 g Suppennudeln

150 g klein geschnittenes Gemüse wie Möhren, Erbsen, Mais (auch TK-Ware)

Salz und Pfeffer

60–90 g gekochter oder luftgetrockneter Schinken in dünnen Scheiben, in Stücke geschnitten

geriebener Parmesan

frische Kräuter

1. In einem großen Suppentopf das Olivenöl auf mittlerer bis hoher Stufe erhitzen. Die Zwiebelwürfel im heißen Öl 3–5 Minuten anschwitzen.
2. Die Temperatur etwas herunterschalten, Tomate und Brühe hinzufügen und zum Köcheln bringen.
3. Suppennudeln in die köchelnde Brühe geben und gut umrühren. Ab jetzt den Gargrad der Nudeln im Auge behalten und sobald sie halb durchgegart sind, das Gemüse dazugeben. Wasser oder weitere Brühe angießen, wenn die Suppe dünnflüssiger sein soll.
4. Suppe erneut zum Köcheln bringen und die Nudeln bei ausgeschaltetem Herd al dente garen. Suppe mit Salz und Pfeffer abschmecken.

Suppe in einzelne Suppenschalen schöpfen, mit Schinken, geriebenem Parmesan und frischen Kräutern garnieren und etwas Olivenöl darüberträufeln. Mit knusprigem Brot servieren.

TIPP Schalten Sie den Herd aus, bevor die Nudeln durchgegart sind, andernfalls zerkochen sie. Sehr kleine Nudeln wie Orzo oder Acini di Pepe brauchen nur wenige Minuten, bis sie gar sind.

NÄHRWERTE/PORTION 398 kcal • **Fett** 12 g • **Natrium** 1.334 mg • **Kohlenhydrate** 53 g • **Ballaststoffe** 7 g • **Eiweiß** 21 g

Eine Suppe ist immer nur so gut wie ihre Zutaten – verwenden Sie die besten, die Sie bekommen können. Frische Kräuter, Parmesan und etwas Pesto oder Olivenöl steuern Aromen bei, die Ihre Sinne wecken. Ich persönlich gebe auch immer noch einen Spritzer Zitronensaft dazu.

PORTIONEN 6
ZUBEREITUNGSZEIT 45 Minuten

Rustikale Paprika-Tomaten-Suppe

Unsere leckeren Käse-Croûtons sind eine wunderbare Ergänzung zum vielschichtigen Aroma dieser Suppe aus Paprikaschoten und Tomaten. Wer die Suppe cremig mag, kann sie nach dem Garen portionsweise im Mixer oder in der Küchenmaschine pürieren. Anschließend die Suppe nochmals erhitzen, weil sie heiß am besten schmeckt.

1 große rote Paprikaschote (etwa 150 g), in Stücke geschnitten

1 große gelbe Paprikaschote (etwa 150 g), in Stücke geschnitten

2 Zwiebeln (etwa 150 g), gewürfelt

400 g Romatomaten, gewürfelt

2 EL brauner Zucker

1 TL gemahlener schwarzer Pfeffer

4 EL (60 ml) salzarme Sojasauce

250 ml Rotwein

250 ml Wasser oder Brühe (ggf. etwas mehr für die gewünschte Konsistenz)

FÜR DIE CROÛTONS

6 dicke Scheiben Baguette (je 1,5–2,5 cm dick)

Olivenöl

3 EL Ziegenfrischkäse

3 EL Frischkäse

einige Tropfen Trüffelöl (nach Belieben)

1. Den Boden eines großen Suppentopfs mit Olivenöl bedecken und das Öl auf mittlerer bis hoher Stufe erhitzen.
2. Paprikaschoten und Zwiebeln im heißen Öl anbraten. Tomaten, Zucker und Pfeffer hinzufügen und unter Rühren braten, bis die Gemüsestücke an den Rändern dunkel gebräunt sind.
3. Sojasauce, Wein, Wasser oder Brühe angießen, die Temperatur auf mittlere Hitze reduzieren und die Zutaten im verschlossenen Topf etwa 15 Minuten garen. Anschließend die Suppe auf kleiner Stufe warm halten, während Sie die Croûtons zubereiten.
4. Die Baguettescheiben mit Olivenöl bestreichen und in einer heißen Sautierpfanne oder im Backofen goldbraun und knusprig rösten. Ziegen- und Frischkäse vermischen, nach Belieben mit einigen Tropfen Trüffelöl verrühren und die Oberseite der gerösteten Brote damit bestreichen.

Die Suppe in Suppenschalen schöpfen und auf jede Portion 1 Käse-Croûton setzen oder die Croûtons zum Dippen separat reichen. Mit klein gehackter Petersilie oder Basilikum garnieren.

NÄHRWERTE/PORTION 195 kcal • **Fett** 9 g • **Natrium** 545 mg • **Kohlenhydrate** 17 g • **Ballaststoffe** 2 g • **Eiweiß** 6 g

Nährwertangaben zu weiteren Zutaten finden Sie im Anhang.

Alle Zutaten getrennt in einzelnen Schüsseln oder auf einer großen Servierplatte anrichten und neben einem großen Topf Nudeln und der Brühe auf den Tisch stellen. Jeder kann sich davon selbst nehmen und seine Lieblingssuppe zusammenstellen. ★

PORTIONEN 4
ZUBEREITUNGSZEIT 30 Minuten

Würzige asiatische Nudelsuppe

Das ist unsere Variante der klassischen vietnamesischen Pho-Suppe, die traditionell aus Rinderknochen gekocht und mit Reisnudeln zubereitet wird. Wir verwenden dafür Zutaten, die leicht zu bekommen sind oder die womöglich schon in Ihrem Kühlschrank oder Vorratsschrank lagern.

225 g schmale Reisbandnudeln (Asia-Laden)

Sesam- oder Traubenkernöl

500 g rohes italienisches Wurstbrät (würzig oder mild) oder 500 g fester Tofu, in Würfel geschnitten

4 EL (60 ml) salzarme Sojasauce

1 l Hühner- oder Gemüsefond

GEMÜSE / EINLAGE

fein gewürfelte Frühlingszwiebeln

gewürfelte Paprikaschote

geraspelte oder in Scheiben geschnittene Möhren oder Radieschen

fein gehobelter Kohl

fein gehackter frischer Ingwer, Knoblauch und/oder Jalapeño-Chilischoten

frische Minze-, Thai-Basilikum- und Korianderblätter

Sojasauce

Sriracha-Sauce (scharfe Chilisauce)

frisch gepresster Limettensaft

1. In einem großen Topf reichlich Wasser aufsetzen und zum Kochen bringen. Reisnudeln nach Packungsangabe darin garen. Nudeln abgießen und kalt abbrausen, anschließend in einer Schüssel mit etwas Sesam- oder Traubenkernöl vermischen, damit sie nicht zusammenkleben. Beiseitestellen.
2. Wurstbrät oder Tofu in einer Pfanne rundum bräunen, anschließend in etwas Öl knusprig braten. Die Sojasauce unterrühren. Den Tofu, falls verwendet, leicht salzen und pfeffern. Pfanne vom Herd nehmen.
3. Während Brät oder Tofu braun werden, den Fond in einem großen Suppentopf bis zum Siedepunkt erhitzen. Die gleiche Menge heißes Wasser oder auch etwas mehr Wasser dazugießen, je nachdem, wie kräftig der Fond schmecken soll.
4. Die Reisnudeln in vier Suppenschalen anrichten, Brühe darüberschöpfen und gebratenes Wurstbrät oder Tofu hineingeben.

Gemüse und Einlagen nach Geschmack in die Suppe geben. Stäbchen und große Löffel dazu reichen und genießen.

HINWEIS Die Reisnudeln immer separat zubereiten, auf Suppenschalen verteilen und dann erst Brühe dazugeben. Andernfalls kleben sie zusammen und lassen sich schwerer essen.

NÄHRWERTE/PORTION 419 kcal • **Fett** 24 g • **Natrium** 2.139 mg • **Kohlenhydrate** 25 g • **Ballaststoffe** 1 g • **Eiweiß** 25 g

Die Nährwertangaben sind mit italienischem Wurstbrät und Reisnudeln berechnet. Nährwertangaben für das Gemüse und die Einlagen finden Sie im Anhang.

PORTIONEN 4
ZUBEREITUNGSZEIT 45 Minuten

Rote-Linsen-Suppe

Diese Suppe gelingt ganz leicht und ist eines jener Last-minute-Gerichte, die einfach jedem schmecken. Nehmen Sie rote Linsen, die schnell gar und in fast jedem Supermarkt zu bekommen sind.

2 EL Öl

1–2 EL Currypulver (oder Chilipulver)

1 kleine Zwiebel, fein gewürfelt

2 Knoblauchzehen, fein gewürfelt

1 EL fein gehackte Jalapeño-Chilischoten

250 ml Kokosmilch

200 g rote Linsen, abgespült

750 ml Brühe (oder Wasser)

ZUTATEN NACH WAHL

250 g Naturjoghurt

1 Tomate, klein gewürfelt

2 EL gehacktes Koriandergrün

1 TL fein gehackter frischer Ingwer

1. Das Öl in einem großen Suppentopf auf mittlerer Stufe erhitzen. Curry- oder Chilipulver einrühren und einige Sekunden im heißen Öl rösten, dann Zwiebel, Knoblauch, Chili und Kokosmilch unterrühren und alles 5 Minuten köcheln lassen.
2. Linsen einstreuen, Brühe oder Wasser angießen und zum Kochen bringen. Die Hitze reduzieren und die Suppe 20–30 Minuten köcheln lassen, bis die Linsen weich sind.
3. Zutaten Ihrer Wahl hinzufügen und die Suppe mit Salz abschmecken.

Die Suppe gleich servieren oder für eine sämigere Konsistenz portionsweise glatt pürieren. Ganz besonders gut schmeckt sie mit warmem Brot oder Tortillas und garniert mit einem weiteren Klecks Joghurt und fein gehackten Jalapeño-Chilischoten.

NÄHRWERTE/PORTION 360 kcal • **Fett** 20 g • **Natrium** 304 mg • **Kohlenhydrate** 31 g • **Ballaststoffe** 15 g • **Eiweiß** 13 g
Nährwertangaben zu weiteren Zutaten finden Sie im Anhang.

Besonders köstlich schmeckt der Hähnchensalat, wenn Sie ihn noch mit klein gehackten gerösteten Nüssen bestreuen und mit gerösteten Brotscheiben servieren. ★

PORTIONEN 2
ZUBEREITUNGSZEIT 10 Minuten

Hähnchensalat mit Erdbeeren

Ein leichter, sommerlicher Genuss und unglaublich einfach in der Zubereitung ist dieser Salat, für den Sie entweder gegartes Hähnchenfleisch vom Vortag verwenden können, oder Sie besorgen das Fleisch von einer Hähnchenbraterei. Während Sie die restlichen Salatzutaten zusammenstellen, mariniert das Fleisch im Dressing und nimmt dabei die honigsüßen Aromen auf, die diesen Salat so unwiderstehlich machen.

FÜR DEN SALAT

GEGART 50 g gegartes Hähnchenfleisch, in Streifen zerpflückt

100 g Kopfsalatblätter, in kleine Stücke zerpflückt

4 EL fein gewürfelte rote Zwiebeln

100 g Erdbeeren, in feine Scheiben geschnitten

geriebener Parmesan

FÜR DAS DRESSING

Saft von 1 Zitrone

2 EL Honig oder Agavendicksaft

1 EL Tafel- oder Apfelessig

1 EL mildes Olivenöl

Salz und frisch gemahlener schwarzer Pfeffer

einige frische Thymianblättchen

1. Für das Dressing Zitronensaft, Honig und Essig in einer Schüssel verrühren und nach und nach das Öl mit einem Schneebesen unterschlagen. Mit Salz und Pfeffer abschmecken und mit Thymianblättchen verfeinern. Hähnchenstreifen einlegen und etwa 5 Minuten im Dressing ziehen lassen.

2. Inzwischen Salatblätter, Zwiebelwürfel und Erdbeeren in einer mittelgroßen Salatschüssel oder auf einzelnen Tellern mischen. Hähnchenstreifen darauf anrichten und den Salat mit dem restlichen Dressing beträufeln.

Mit geriebenem Parmesan und Salz und Pfeffer nach Geschmack bestreuen.

NÄHRWERTE/PORTION 304 kcal • **Fett** 13 g • **Natrium** 403 mg • **Kohlenhydrate** 25 g • **Ballaststoffe** 3 g • **Eiweiß** 13 g

PORTIONEN 4
ZUBEREITUNGSZEIT 30 Minuten

Möhren-Kürbis-Salat

Für sich allein schmeckt dieser Salat schon ganz wunderbar, gewinnt aber auch, wenn Sie Bandnudeln und geriebenen Parmesan oder Ziegenkäse untermischen. Falls Sie Zeit haben, ziehen Sie das Gemüse mit einem Sparschäler in breiten Streifen ab, denn damit wird der Salat auch optisch zum Genuss. An Abenden, an denen Ihnen die Zeit dafür fehlt, schneiden Sie die Möhren und den Kürbis einfach in feine Scheiben – der Geschmack wird dadurch nicht beeinträchtigt.

2 EL Olivenöl

2 EL gehackte Walnusskerne

2 EL Trockenfrüchte (Rosinen, Cranberrys, gewürfelte Mango oder Pfirsiche)

4 Möhren, geschält

½ mittelgroßer Butternusskürbis (sollte der Menge an Möhren entsprechen), geputzt und geschält

FÜR DAS DRESSING

Saft von ½ Zitrone

Saft von ½ Orange

2 EL Olivenöl

1 EL Honig

1. Das Öl in einem kleinen Topf auf mittlerer Stufe 1 Minute erhitzen. Walnüsse und Trockenfrüchte einfüllen und unter ständigem Rühren in 2–3 Minuten heiß werden lassen. Vom Herd nehmen und etwas abkühlen lassen, während Sie Gemüse und Dressing vorbereiten.
2. Mit einem Sparschäler lange breite Streifen von Möhren und Kürbis abziehen. Gemüsestreifen in eine Servierschüssel geben.
3. Für das Dressing alle Zutaten in einer kleinen Schüssel verquirlen. Mit Salz und Pfeffer abschmecken.
4. Möhren und Kürbis in der Schüssel mischen. Walnüsse und Trockenfrüchte unterheben und den Salat mit dem Dressing anmachen.

Nach Belieben den Salat mit frischer Petersilie garnieren.

TIPP Anstelle des Butternusskürbis können Sie auch grüne und gelbe Zucchini verwenden oder andere roh verzehrbare Sommerkürbisse.

NÄHRWERTE/PORTION 291 kcal • Fett 16 g • Natrium 302 mg • Kohlenhydrate 38 g • Ballaststoffe 3 g • Eiweiß 4 g

PORTIONEN 4
ZUBEREITUNGSZEIT 25 Minuten

Cobb Salad

Anstelle von Avocado, Tomaten und Blauschimmelkäse, die normalerweise in diesem typisch amerikanischen Salat zu finden sind, bevorzuge ich frische Früchte. Wer Zeit hat, sollte das Dressing selbst machen und kann dafür fast jede Marmelade oder Konfitüre nehmen, die gerade vorrätig ist. Andernfalls machen Sie den Salat mit einem süß-pikanten Fertigdressing Ihrer Wahl an.

FÜR DEN SALAT

4 Eier

4 Handvoll (etwa 100 g) gemischte Salatblätter

Wurst und Käse in Scheiben: pro Person 1–2 Scheiben Kochschinken, Putenbrust, Schweizer Käse usw.

2 Bananen, längs in Scheiben geschnitten

8–12 Erdbeeren, in Scheiben geschnitten

Saft von ½ Zitrone (nach Geschmack)

FÜR DAS DRESSING

2 EL Orangenmarmelade oder Kirschkonfitüre (oder eine andere Konfitüre)

1 EL klein gewürfelte Zwiebeln

1 TL fein gehackter Knoblauch

1 TL fein gehackte Jalapeño-Chilischoten

1 EL gehackte frische glatte Petersilie

125 ml Tafel- oder Apfelessig

125 ml Rapsöl

1. Eier in einem kleinen Topf mit kaltem Wasser bedecken, aufkochen und im verschlossenen Topf in etwa 10 Minuten auf kleinerer Stufe hart kochen. Abgießen und mit kaltem Wasser abschrecken. Eier erst pellen, wenn Sie sie weiterverarbeiten. Gepellte Eier längs halbieren.

2. Für das Dressing alle Zutaten bis auf das Öl in den Mixer geben. Auf kleiner Stufe verquirlen, dabei langsam und behutsam das Öl untermixen, bis das Dressing eine sämige, dickflüssige Konsistenz angenommen hat. Mit Salz, Pfeffer und ein wenig Zucker abschmecken. (Das Dressing reicht für mindestens 8 Portionen; übrig gebliebenes Dressing hält sich bis zu 4 Tage im Kühlschrank.)

3. Die Salatblätter mit etwas Zitronensaft und Salz in einer Schüssel mischen.

Jeweils 1 Handvoll Salatblätter in die Mitte von vier Salattellern häufen. Nebeneinander Wurst- und Käsescheiben, Eierhälften und Obst anrichten und die Salate mit Dressing beträufeln.

NÄHRWERTE/PORTION 272 kcal • **Fett** 14 g • **Natrium** 550 mg • **Kohlenhydrate** 20 g • **Ballaststoffe** 3 g • **Eiweiß** 19 g
DRESSING (2 EL) 94 kcal • **Fett** 9 g • **Natrium** 0 mg • **Kohlenhydrate** 3 g • **Ballaststoffe** 0 g • **Eiweiß** 0 g

PORTIONEN 4
ZUBEREITUNGSZEIT 15 Minuten

Asia-Pilze mit Wein und Sojasauce

Anstelle des japanischen Reisweins namens Sake, mit dem üblicherweise Gerichte wie dieses zubereitet werden, verwende ich vergleichsweise günstigeren und leichter erhältlichen trockenen Weißwein. Aber selbst der Wein lässt sich zur Not auch durch helles Bier ersetzen.

- 4 dicke Scheiben Toastbrot oder Baguette
- 2 EL Olivenöl
- 500 g frische kleine Champignons, geputzt, harte Stielenden entfernt
- 1 TL klein gehackter Knoblauch
- 60 ml trockener Weißwein oder helles Bier
- 2 EL salzarme Sojasauce
- 2 EL frische Petersilienblätter oder Schnittlauchröllchen
- 125 ml salzarme Brühe (gleich welcher Art) oder Wasser
- Salz und frisch gemahlener schwarzer Pfeffer

1. Brotscheiben auf beiden Seiten dünn mit Öl bestreichen und in einer heißen Pfanne oder unter dem Backofengrill von beiden Seiten einige Minuten rösten. Achten Sie darauf, dass die Scheiben nicht verbrennen. Herausnehmen und beiseitestellen.
2. Eine Sautierpfanne dünn einölen und auf mittlerer bis hoher Stufe erhitzen. Pilze und Knoblauch in der Pfanne 8–10 Minuten unter gelegentlichem Rühren braten, bis die Pilze an den Rändern etwas kross werden.
3. Auf mäßige Hitze herunterschalten, Wein und Sojasauce in die Pfanne geben.
4. Petersilie oder Schnittlauch und die Hälfte der Brühe oder des Wassers einrühren. Weitere Brühe oder Wasser zugeben, wenn Sie mehr Sauce möchten. Alles mit Salz und Pfeffer abschmecken.

Auf jeden Teller jeweils 1 Röstbrotscheibe legen, darauf großzügig Pilze anrichten und mit geriebenem Parmesan und weiteren klein gehackten frischen Kräutern garnieren.

TIPP Für eine glutenfreie Variante richten Sie die Pilze auf frisch gegartem Reis anstelle des Brots an.

NÄHRWERTE/PORTION 317 kcal • **Fett** 12 g • **Natrium** 733 mg • **Kohlenhydrate** 39 g • **Ballaststoffe** 3 g • **Eiweiß** 9 g

PORTIONEN 4
ZUBEREITUNGSZEIT 30 Minuten

Steaksalat mit Auberginennudeln

Ein köstliches Abendessen, dessen Zubereitung Sie ganz schnell beherrschen werden. Sollten Sie keine gegarten Nudeln vorrätig haben, bereiten Sie sie frisch zu, bevor Sie den Salat zusammenstellen.

500 g Rump- oder Sirloinsteak

2 EL amerikanische Würzmischung (siehe Seite 301 und den Hinweis unten)

1 mittelgroße Aubergine, quer in 1 cm dicke Scheiben geschnitten

Olivenöl

100–150 g Reis- oder Weizenmehl, mit Salz und Pfeffer gewürzt

2–3 Knoblauchzehen, fein gehackt

1 Tomate, gewürfelt

GEGART 150 g gegarte Bandnudeln (entspricht etwa 70 g trockenen Nudeln)

geriebener Parmesan

4 Handvoll (etwa 100 g) gemischtes Blattgemüse

Zitronensaft

1. Den Backofen auf 180 °C vorheizen. Steakfleisch auf beiden Seiten mit der Würzmischung einreiben. Beiseitestellen.
2. Auberginenscheiben nebeneinander auf ein Backblech legen und auf beiden Seiten mit insgesamt 2 EL Olivenöl bestreichen.
3. In einen großen Gefrierbeutel mit Zip-Verschluss das gewürzte Mehl füllen und die einzelnen Auberginenscheiben darin wenden.
4. Eine dünn eingeölte Sautierpfanne auf mittlerer bis hoher Stufe erhitzen. Auberginenscheiben darin von beiden Seiten in 5–6 Minuten goldbraun braten. In einer ofenfesten Form im Backofen warm halten, während Sie das Steak zubereiten.
5. Steakfleisch in der Sautierpfanne, in der die Aubergine gebraten wurde, auf einer Seite 3 Minuten anbraten, dann wenden. Knoblauch und Tomatenwürfel in die Pfanne geben. Steak je nach gewünschtem Gargrad 3–5 Minuten weiterbraten, Tomatenwürfel und Knoblauch dabei gelegentlich umrühren. Die Pfanne vom Herd nehmen und das Fleisch noch etwas ruhen lassen, bevor Sie es dünn aufschneiden.

Auberginenscheiben in Stücke schneiden und mit den gegarten Nudeln vermischen. Mit geriebenem Parmesan und Olivenöl verfeinern. Aufgeschnittenes Steakfleisch mit den Salatblättern mischen und mit Zitronensaft, Salz und Pfeffer abschmecken. Steaksalat auf einzelnen Tellern anrichten und darauf die Auberginennudeln geben.

HINWEIS Sollten Sie die amerikanische Würzmischung nicht vorrätig haben, mischen Sie 1½ EL braunen Zucker mit je 1 TL Salz und Pfeffer.

NÄHRWERTE/PORTION 453 kcal • **Fett** 11 g • **Natrium** 296 mg • **Kohlenhydrate** 48 g • **Ballaststoffe** 5 g • **Eiweiß** 40 g

★ Auf Seite 301 finden Sie das Rezept für die vielseitig verwendbare amerikanische Würzmischung, von der nicht nur Rindfleisch, sondern auch Schweine- und Lammfleisch geschmacklich profitieren.

★ Die Empanadas warm mit Chimichurri-Sauce (siehe Seite 293) servieren.

PORTIONEN 6–8
ZUBEREITUNGSZEIT 45 Minuten

Mit Chili und Kartoffeln gefüllte Empanadas

Wahrscheinlich sind wir die ersten, die unumwunden zugeben, dass die Zubereitung von Empanadas sehr zeitaufwendig ist. Aber sie eignen sich gut für die Verpflegung von Ausdauerathleten. Packen Sie sich einige dieser Teigtaschen für Ihr nächstes Training ein und Sie verstehen, warum – vorausgesetzt, Sie schaffen es irgendwie, vom Abendessen noch etwas übrig zu lassen. (Und denken Sie daran, bei den Rationen für unterwegs die Chilischoten nur sparsam einzusetzen.)

FÜR DIE FÜLLUNG

4 EL klein gewürfelte Zwiebeln

GEGART 500 g gegarte Kartoffeln, in feine Würfel geschnitten

1 EL fein gehackte Jalapeño-Chilischoten

4 EL geraspelter oder zerbröckelter Käse: Gouda, Emmentaler oder Schafskäse

1 EL fein gehackte frische Korianderblätter

FÜR DIE EMPANADAS

Mehl für die Arbeitsfläche

1 Rezept Mürbeteig (siehe Seite 282) oder Fertigteig aus dem Kühlregal

1. Für die Füllung eine dünn eingeölte Sautierpfanne auf mittlerer bis hoher Stufe erhitzen.
Die Zwiebelwürfel darin in 3–5 Minuten weich dünsten. Kartoffeln und Chilischoten gründlich untermischen, dann den Herd ausschalten.
2. Käse und Koriander untermixen, leicht salzen und pfeffern. Durchmischen und gegebenenfalls noch etwas nachwürzen. Füllung abkühlen lassen und ggf. noch im Kühlschrank kalt stellen, bevor Sie die Empanadas damit zubereiten.
3. Für die Empanadas den Backofen auf 190 °C vorheizen.
4. Auf einer leicht bemehlten Arbeitsfläche aus dem Teig 6–8 kleine Teigkugeln formen und zu Kreisen von etwa 15 cm Durchmesser ausrollen.
5. Auf eine Seite der Teigkreise jeweils einen großen Löffel der Füllung setzen und die Teigkreise halbmondförmig zusammenklappen. Die Ränder mit den Zinken einer Gabel zusammendrücken, sodass die Füllung gut verschlossen ist (gegebenenfalls die Ränder vorher mit etwas Wasser bepinseln, damit sie zusammenhalten).
6. Auf einem gefetteten oder beschichteten Backblech in 15–20 Minuten goldbraun backen.

NÄHRWERTE/PORTION 429 kcal • **Fett** 17 g • **Natrium** 248 mg • **Kohlenhydrate** 62 g • **Ballaststoffe** 3 g • **Eiweiß** 6 g

PORTIONEN 6–8
ZUBEREITUNGSZEIT 45 Minuten

Empanadas mit Curry-Hackfleisch

Wenn Freunde oder meine Familie zum Abendessen vorbeikommen, bereite ich gern diese Empanadas zu. Sie sind etwas für Leute, die scharfes Essen mögen. Um die Schärfe ein wenig auszugleichen, sollten Sie sie mit der Tomatenkonfitüre von Seite 295 servieren. Sie ist eine köstliche Mischung aus pikanten und süßen Aromen und könnte Grund genug sein, diese Teigtaschen öfter mal zu machen.

FÜR DIE FÜLLUNG

500 g Rinderhackfleisch (möglichst von Weiderindern)

4 EL klein gewürfelte Zwiebeln

1 EL klein gehackter Knoblauch

1 EL fein gehackte Jalapeño-Chilischoten

2 EL Currypulver

1 TL Salz

150 g Erbsen (frisch oder TK)

2 kleine Tomaten, fein gewürfelt (nach Belieben)

2 EL Melasse (Zuckerrohr-Sirup; aus dem Reformhaus oder Bioladen)

2 EL salzarme Sojasauce

FÜR DIE EMPANADAS

Mehl für die Arbeitsfläche

1 Rezept Mürbeteig (siehe Seite 282) oder Fertigteig aus dem Kühlregal

1. Für die Füllung Hackfleisch und Zwiebeln in einer dünn eingeölten Sautierpfanne bräunen. Knoblauch, Chili, Currypulver und Salz zufügen und die Zutaten unter Rühren braten, bis das Fleisch durchgegart, also innen nicht mehr rosa ist.
2. Erbsen und nach Belieben die Tomaten dazugeben, Melasse und Sojasauce unterrühren. Die Füllung 15 Minuten köcheln lassen, dann mit Salz abschmecken. Abkühlen lassen, bevor Sie die Empanadas damit zubereiten.
3. Für die Empanadas den Backofen auf 190 °C vorheizen.
4. Auf einer leicht bemehlten Arbeitsfläche aus dem Teig 6–8 kleine Teigkugeln formen und zu Kreisen von etwa 15 cm Durchmesser ausrollen.
5. Auf eine Seite der Teigkreise jeweils einen großen Löffel der Füllung setzen und die Teigkreise halbmondförmig zusammenklappen. Die Ränder mit den Zinken einer Gabel zusammendrücken, sodass die Füllung gut verschlossen ist (gegebenenfalls die Ränder vorher mit etwas Wasser bespinseln, damit sie zusammenhalten).
6. Auf einem gefetteten oder beschichteten Backblech in 15–20 Minuten goldbraun backen.

NÄHRWERTE/PORTION 454 kcal • **Fett** 24 g • **Natrium** 624 mg • **Kohlenhydrate** 41 g • **Ballaststoffe** 2 g • **Eiweiß** 18 g
Nährwertangaben zu weiteren Zutaten finden Sie im Anhang.

★ Mit dem Rezept auf Seite 282 können Sie den Mürbeteig selbst herstellen, oder Sie greifen auf einen frischen Fertigteig zurück.

★ Wer Zeit hat, sollte die Fisch-Tacos mit den pikanten schwarzen Bohnen (Seite 290) anstelle der Dosenbohnen und dem dunkelgrünen Blattgemüse (Seite 291) anstelle der Salatblätter zubereiten.

PORTIONEN 6
ZUBEREITUNGSZEIT 25 Minuten

Fisch-Tacos

Das ganze Jahr über sind Fisch-Tacos ein hervorragendes Nahrungsmittel. Im Tiefkühler können Sie naturbelassene Fischfilets vorrätig halten. Mit dünnen, festfleischigen Filets von beispielsweise Tilapia oder Seezunge schmecken die Tacos besonders gut. Die Filets 12–24 Stunden im Kühlschrank auftauen lassen und vor der Zubereitung mit Küchenpapier trockentupfen. Auf diese Weise brät die Panade zu einer köstlich krossen Kruste.

FÜR DEN REIS

200 g Basmatireis

1 EL weißer Tafelessig

FÜR DEN FISCH

75 g Mehl

1 EL Taco-Gewürz

1 TL frisch gemahlener schwarzer Pfeffer

500 g festfleischige weiße Fischfilets (achten Sie auf das MSC-Siegel für nachhaltigen Fischfang)

1 EL Traubenkernöl

12 Maistortillas

1 Dose (etwa 450 g Inhalt) schwarze Bohnen, abgespült und abgetropft

Pico de Gallo (Tomaten-Würzsauce)

200 g Salatblätter

Limettenspalten

1. In einem mittelgroßen Topf den Reis mit 375 ml Wasser und dem Essig aufsetzen. Sobald das Wasser aufkocht, die Hitze auf kleine Stufe stellen und den Reis im verschlossenen Topf etwa 15 Minuten quellen lassen, bis er das Kochwasser vollständig aufgenommen hat. Den Reis im verschlossenen Topf bei abgeschalteter Herdplatte ruhen lassen.

2. Für den Fisch Mehl, Taco-Gewürz und Pfeffer in einer weiten Schüssel oder in einem tiefen Teller mischen. Die Fischfilets im Mehl wenden. Überschüssiges Mehl abschütteln.

3. Das Traubenkernöl in eine Sautierpfanne gießen und auf mittlerer bis hoher Stufe erhitzen. Fischfilets einlegen und auf beiden Seiten jeweils 3–5 Minuten braten, bis sie goldbraun sind. Fertige Filets beiseitestellen.

4. Tortillas nacheinander in einer heißen Pfanne ohne Fett durchwärmen, dabei nach 1–2 Minuten wenden.

Auf den warmen Tortillas jeweils Reis, Bohnen und Fisch anrichten. Darauf Pico de Gallo und Salatblätter geben und die Tortillas mit Limettenspalten garnieren.

TIPP Traubenkernöl ist das Öl der Wahl beim Braten von Fischfilets, da es die delikaten Aromen des Fischfleischs geschmacklich nicht übertönt. Eine gute Alternative ist Rapsöl.

NÄHRWERTE/PORTION 424 kcal • **Fett** 8 g • **Natrium** 967 mg • **Kohlenhydrate** 62 g • **Ballaststoffe** 5 g • **Eiweiß** 27 g

PORTIONEN 4
ZUBEREITUNGSZEIT 30 Minuten

Tacos mit Hackfleisch und Süßkartoffeln

Sowohl die Hackfleisch- als auch die Süßkartoffelfüllung sind schnell und einfach in der Zubereitung und lassen sich mit Chilipulver oder Cayennepfeffer in puncto Schärfe auch noch variieren. Ich mag den süßlichen Einschlag dieser Tacos, der ganz wunderbar zu dem eher rustikalen Geschmack des Büffelfleischs passt.

FÜR DAS HACKFLEISCH

500 g Büffel- oder Bisonhackfleisch, alternativ Rinderhackfleisch

2 TL Taco-Gewürz

2 TL Chilipulver

1 TL brauner Zucker

4 EL Erbsen (frisch oder TK)

Saft von 1 Limette

Salz

FÜR DIE SÜSSKARTOFFELN

GEGART 250 g gegarte Süßkartoffeln, gewürfelt

1 Zwiebel, in feine Scheiben geschnitten

1 rote Paprikaschote, in feine Streifen geschnitten

Chilipulver

8 Maistortillas, durchgewärmt

Naturjoghurt

Koriandergrün

1. Für die Hackfleischfüllung den Boden einer großen Sautierpfanne dünn mit Öl bedecken. Die Pfanne auf hoher Stufe erhitzen und das Hackfleisch darin unter häufigem Rühren krümelig und braun braten.
2. Trockene Gewürze und Zucker einstreuen und 1 Minute mitgaren. Die Temperatur auf mittlere Hitze reduzieren und weiterbraten, bis das Fleisch dunkel gebräunt ist und kaum noch Flüssigkeit in der Pfanne ist.
3. Die Erbsen unterrühren. Hackfleischfüllung mit Limettensaft und Salz abschmecken. Die Pfanne vom Herd nehmen, solange die Erbsen noch leuchtend grün sind.
4. Für die Süßkartoffelfüllung den Boden einer mittelgroßen beschichteten Sautierpfanne dünn mit Öl bedecken. Süßkartoffelwürfel, Zwiebel und Paprikastreifen darin etwa 5 Minuten auf mittlerer Stufe dünsten, bis die Kartoffelwürfel an den Rändern knusprig werden.
5. Mit Chilipulver und Salz abschmecken. Gründlich durchrühren; die Herdplatte ausschalten.

Auf die warmen Tortillas jeweils einen großzügigen Löffel der Hackfleisch- und Süßkartoffelfüllung setzen und mit einem Klecks Joghurt und Korianderstängeln garnieren.

NÄHRWERTE/PORTION 540 kcal • **Fett** 25 g • **Natrium** 628 mg • **Kohlenhydrate** 45 g • **Ballaststoffe** 6 g • **Eiweiß** 35 g

PORTIONEN 4
ZUBEREITUNGSZEIT 30 Minuten

Salat-Wraps mit Putenfleisch und Erdnusssauce

Ein leichteres Abendessen, dem es an fantastischen Geschmacksnoten trotzdem nicht mangelt, gelingt mit diesen Salat-Wraps. Eine große Schüssel Reis dazu sorgt für ein ausgewogenes Verhältnis von Kohlenhydraten und Proteinen und stillt den Hunger.

FÜR DIE FÜLLUNG

500 g Putenhackfleisch

2 EL Ihrer Lieblingswürzmischung (asiatisch, mexikanisch oder indisches Currypulver)

4 EL Rosinen

¼ Zwiebel, klein gewürfelt

1–2 frische Chilischoten, gehackt

Salz und frisch gemahlener schwarzer Pfeffer

FÜR DIE ERDNUSSSAUCE

125 g Erdnusscreme

1 EL frisch gepresster Zitronen- oder Limettensaft

2 EL Olivenöl

1 EL Apfel- oder weißer Tafelessig

1 TL rote Chiliflocken (nach Belieben)

FÜR DIE WRAPS

1 großer Kopfsalat, in Blätter zerteilt, geputzt, gewaschen und trockengeschleudert

1. Für die Füllung den Boden einer großen Sautierpfanne dünn mit Öl bedecken. Das Putenhackfleisch in der Pfanne auf mittlerer bis hoher Stufe braun und krümelig braten.

2. Würzmischung und die restlichen Zutaten für die Füllung gleichmäßig unterrühren und alles 10 Minuten garen. Anschließend nochmals gründlich durchrühren und mit Salz und Pfeffer abschmecken.

3. Während die Füllung gart, die Erdnusssauce zubereiten. Dafür in einer kleinen Schüssel die Erdnusscreme mit Zitrussaft, Olivenöl und Essig zu einer glatten, flüssigen Sauce rühren. Gegebenenfalls etwas mehr Saft, Öl oder Essig zugeben. Mit Salz und nach Belieben mit den Chiliflocken würzen.

Die Füllung etwas abkühlen lassen, anschließend die Salatblätter mit dem Hackfleisch füllen und jeweils mit Erdnusssauce überziehen. Blätter zu Wraps aufrollen oder zusammenklappen und mit den Händen essen.

TIPP In Wrap-Rezepten wie diesem wird meist Eisbergsalat verwendet. Ich ziehe jedoch andere Salatsorten aufgrund ihres höheren Nährwerts vor.

NÄHRWERTE/PORTION 157 kcal • **Fett** 1 g • **Natrium** 148 mg • **Kohlenhydrate** 11 g • **Ballaststoffe** 2 g • **Eiweiß** 27 g
ERDNUSSSAUCE (2 EL) 170 kcal • **Fett** 15 g • **Natrium** 99 mg • **Kohlenhydrate** 7 g • **Ballaststoffe** 1 g • **Eiweiß** 5 g

Gegarter Reis, Nudeln oder Kartoffeln sorgen bei Bedarf für die notwendigen Kohlenhydrate in dieser Mahlzeit. ★

★ Ein schnelles, unkompliziertes Rezept für Pizzateig finden Sie auf Seite 281.

★ Frisch gepresste Obst- und Gemüsesäfte lohnen die Mühe doppelt, wie diese Burger beweisen. Siehe Seite 119.

PORTIONEN 8
ZUBEREITUNGSZEIT 20 Minuten

Vegetarische Burger

Viele meiner Freunde, die Vegetarier sind, versuchen herauszufinden, wie man formstabile Veggie-Burger hinbekommt, die nicht mit Mehl, Ei oder sonst was gebunden werden müssen, weil diese Bindemittel nicht wirklich gut funktionieren. In diesem Rezept werden gerade mal drei Zutaten zu Burgern verarbeitet, den Rest überlassen wir Ihrem Geschmack. Die Burger sind milcheiweiß- und glutenfrei und werden ohne Öl, Eier oder sonstige Bindemittel zubereitet.

250 ml Gemüsetrester (siehe Hinweis)

GEGART 700 g gegarter klebriger Reis (etwa 280 g roher Reis)

GEGART 170 g gegarte Bohnen oder Bohnen aus der Dose

Salz

brauner Zucker

Vollkornbrötchen

ZUTATEN NACH WAHL

bis zu 2 TL Würzmischung aus gemahlenem Koriander, Kreuzkümmel, Chilipulver und Selleriesalz

bis zu 100 g fein geschnittene Champignons, Möhren und/oder Brokkoli, kurz gebraten

1. Gemüsetrester, Reis und Bohnen vermischen. Die Mischung mit Salz, braunem Zucker und Gewürzen Ihrer Wahl abschmecken, und nach Belieben das fein geschnittene Gemüse dazugeben.
2. Aus der Mischung 8 Kugeln formen und behutsam zu Pattys (Hacksteaks) flach drücken.
3. Eine dünn eingeölte Sautierpfanne auf mittlerer bis hoher Stufe erhitzen. Pattys – eventuell portionsweise – darin braten, bis ihre Unterseite goldbraun ist. Wenden und die andere Seite goldbraun braten.

In jedem Vollkornbrötchen ein Patty anrichten, nach Belieben mit Salat, Tomaten- und Zwiebelscheibe garnieren. Dazu passen körniger Senf und Ketchup.

HINWEIS Für die Zubereitung dieser Burger brauchen Sie einen Entsafter. Probieren Sie den Gemüsetrester von Roter Bete, Möhren, Äpfeln und Ihrem Lieblings-Blattgemüse.

TIPP Das Mischungsverhältnis der Pattys ist davon abhängig, wie feucht der Gemüsetrester und der Reis sind. Sollte der Reis sehr trocken sein, wärmen Sie ihn mit einem Schuss Wasser auf dem Herd oder in der Mikrowelle auf.

NÄHRWERTE/PORTION 288 kcal • **Fett** 2 g • **Natrium** 311 mg • **Kohlenhydrate** 57 g • **Ballaststoffe** 8 g • **Eiweiß** 3 g

Nährwertangaben zu weiteren Zutaten finden Sie im Anhang.

Der Koriander-Minze-Joghurt verleiht einer Reihe von Gerichten zusätzlich Geschmack. Siehe Seite 297.

PORTIONEN 4
ZUBEREITUNGSZEIT 45 Minuten

Gefüllte Paprikaschoten

Gefüllte Paprikaschoten gehören für die meisten Profi-Athleten nicht gerade zur Standardverpflegung, aber hier kommen Zutaten ins Spiel, die wir eigentlich immer vorrätig haben. Die Zubereitung der Füllung dauert nur etwa 15 Minuten, aber sollten Sie auf Ihrem wöchentlichen Speiseplan noch übrigen Orzo-Salat mit Basilikum (siehe Seite 159) vorgesehen haben, könnte er hier als schneller und köstlicher Resteverwerter eingesetzt werden.

250 g Orzo-Nudeln

100 g geraspelter pikanter Cheddar oder Mozzarella, plus etwas mehr zum Bestreuen

1 Tomate, fein gewürfelt

1 kleine Zwiebel, fein gewürfelt

4 EL fein gehackte gemischte frische Kräuter: glatte Petersilie, Basilikum, Schnittlauch, plus etwas mehr zum Bestreuen

125 g Naturjoghurt oder 125 ml salzarme Brühe

2 EL Olivenöl

4 mittelgroße Paprikaschoten, gewaschen, längs halbiert, Samen und Trennwände entfernt

ZUTATEN NACH WAHL

60 g Ziegenfrischkäse oder fettarmer Frischkäse

150 g Thunfisch oder Lachs aus der Dose, abgetropft

GEGART 150 g gegarte Kichererbsen (etwa 60 g getrocknete Kichererbsen)

1. Den Backofen auf 190 °C vorheizen. Nudeln nach Packungsangabe garen; abseihen. Mit ein wenig Olivenöl vermischen
2. Orzo-Nudeln mit den restlichen Zutaten außer den Paprikaschoten vermengen (auch mit den Zutaten Ihrer Wahl) und mit Salz und Pfeffer abschmecken. Paprikahälften mit der Mischung füllen, mit zusätzlichem Käse und gehackten Kräutern bestreuen.
3. Gefüllte Paprikahälften aufrecht in eine gefettete ofenfeste Form setzen. Die Form mit Alufolie verschließen und für 30 Minuten in den Ofen schieben. Alufolie entfernen und die Paprikaschoten 5–10 Minuten im Ofen überbacken, bis die Oberseite leicht gebräunt ist und die Schoten weich sind.

Wer es eilig hat, kann die gefüllten Schoten zunächst 3–4 Minuten in der Mikrowelle vorgaren und gart sie anschließend 15–20 Minuten im Ofen.

TIPP Anstelle der Orzo-Nudeln können Sie auch Reis verwenden. Der Reis darf aber nur knapp gar sein, sonst werden die Körner beim Garen im Ofen zu weich.

NÄHRWERTE/PORTION 386 kcal • **Fett** 18 g • **Natrium** 220 mg • **Kohlenhydrate** 44 g • **Ballaststoffe** 3 g • **Eiweiß** 15 g
Nährwertangaben zu weiteren Zutaten finden Sie im Anhang.

PORTIONEN 2
ZUBEREITUNGSZEIT 15 Minuten

Kurz gebratener Thunfisch mit Zitronenöl

Gelbflossenthunfisch ist ein gehaltvoller, wunderbar festfleischiger Speisefisch, der sich vielseitig und dabei ganz unkompliziert zubereiten lässt. Ich habe stets ein paar Thunfischsteaks im Gefrierfach und serviere dieses Gericht zusammen mit gedämpftem Reis, Kartoffeln oder Quinoa.

2 Gelbflossenthunfischsteaks (je 100–120 g; achten Sie auf das MSC-Siegel für nachhaltigen Fischfang), auf beiden Seiten mit Salz und grob gemahlenem Pfeffer bestreut

FÜR DAS ZITRONENÖL

125 ml Olivenöl

Saft von 1 Zitrone

3 Handvoll (etwa 75 g) gemischte Salatblätter

1 Banane, in Scheiben geschnitten

2 EL Honig

1. Eine dünn eingeölte beschichtete Sautierpfanne auf mittlerer bis hoher Stufe erhitzen. Thunfischsteaks in die Pfanne legen und von jeder Seite etwa 3 Minuten anbraten (die Garzeit ist abhängig von der Dicke der Steaks). Die Steaks nicht durchgaren, sie sollen im Kern noch leicht rosa sein. Gebratene Steaks in dicke Streifen schneiden.

2. Für das Zitronenöl in einer kleinen Schüssel Olivenöl und Zitronensaft mit 1 Prise Salz aufschlagen.

Salatblätter mit der Hälfte des Zitronenöls anmachen und auf einzelne Teller verteilen. Thunfischstreifen und Bananenscheiben neben dem Salat anrichten und mit dem restlichen Zitronenöl und Honig beträufeln. Nach Geschmack mit Salz und Pfeffer würzen.

TIPP Am sichersten tauen Sie gefrorenen Fisch in einem verschlossenen Behälter über Nacht im Kühlschrank auf. Auf keinen Fall bei Raumtemperatur auftauen lassen!

NÄHRWERTE/PORTION 470 kcal • Fett 29 g • Natrium 360 mg • Kohlenhydrate 25 g • Ballaststoffe 3 g • Eiweiß 32 g

PORTIONEN 4
ZUBEREITUNGSZEIT 25 Minuten

Gebratene Seezunge mit Mango-Avocado-Salsa

In diesem Rezept können Sie jede Art von zartem, weißfleischigem Fisch verwenden. Unsere Wahl fiel auf Seezunge, weil sie leicht erhältlich und noch leichter zuzubereiten ist. In der Mango-Avocado-Salsa treffen süße und buttrige Aromen aufeinander, die den delikaten Geschmack des Fischs aber nicht übertönen. Die dünnen Fischfilets sind schnell gar, deshalb sollten Sie sie erst kurz vor dem Servieren braten.

FÜR DIE SALSA

2 Mangos, Fruchtfleisch in mundgerechte Stücke geschnitten (reife Mangos schälen, unreife grüne Exemplare ungeschält verarbeiten)

2 Avocados, Fruchtfleisch in der Größe der Mangostücke geschnitten

1 kleine Zwiebel, in feine Scheiben geschnitten

4 EL gehacktes Koriandergrün

4 EL (60 ml) frisch gepresster Orangensaft

2 EL Traubenkern- oder Rapsöl

4 Seezungenfilets oder andere Fischfilets (je 120–180 g), küchenfertig vorbereitet

2 EL Traubenkern- oder Rapsöl

1. Für die Salsa Mango, Avocado, Zwiebel und Koriander in einer Schüssel behutsam vermischen, dabei den Orangensaft langsam dazugießen. Öl unterrühren und die Salsa mit Salz und Pfeffer abschmecken.

2. Fischfilets mit Salz und Pfeffer würzen. Das Öl in eine Sautierpfanne geben und auf mittlerer bis hoher Stufe erhitzen. Fischfilets im heißen Öl 3 Minuten braten, wenden und 2 Minuten weiterbraten. Das Fischfleisch soll am Ende nicht mehr glasig, sondern durch und durch weiß sein und stellenweise leicht gebräunt.

Die Filets auf einzelnen Tellern auf einem Reis- oder Couscousbett anrichten und daneben jeweils einen großzügigen Löffel Salsa setzen. Fischfilets mit dem restlichen Salsa-Saft beträufeln, mit Koriandergrün garnieren und mit einem Spritzer Zitronensaft abrunden. Sofort servieren.

NÄHRWERTE/PORTION 380 kcal • **Fett** 21 g • **Natrium** 210 mg • **Kohlenhydrate** 27 g • **Ballaststoffe** 7 g • **Eiweiß** 1 g

PORTIONEN 4
ZUBEREITUNGSZEIT 20 Minuten

Einfacher Biryani-Reis

Dieses klassische südindische Reisgericht bereiten Sie im Nu zu. Dank des frischen Gemüses und des Eiweißgehalts der Cashewnüsse ist Biryani eine vollständige Mahlzeit.

- 400 g Reis (siehe Hinweis)
- 2 EL mildes Olivenöl
- 300 g Gemüse (Möhren, Brokkoli, Sommerkürbis, Zucchini), klein geschnitten
- 1 Zwiebel, in Halbringe geschnitten
- 4 EL Cashew- oder Erdnusskerne
- 4 EL Rosinen
- 1 EL Currypulver (nach Geschmack auch mehr)

1. Reis mit 875 ml Wasser in einen Reiskocher geben und garen.
2. Inzwischen in einer großen, tiefen Pfanne das Olivenöl auf mittlerer bis hoher Stufe erhitzen. Die restlichen Zutaten hinzufügen und 3–5 Minuten unter häufigem Rühren braten, bis die Rosinen schön prall sind und das Currypulver vollständig eingearbeitet ist.
3. Den Reis dazugeben und unter Rühren 8–10 Minuten weitergaren, bis der Reis gleichmäßig mit dem Gemüse vermengt ist und eine einheitliche Farbe angenommen hat. Die Reis-Gemüse-Pfanne mit Salz abschmecken.

Biryani-Reis mit einem Klecks Naturjoghurt servieren oder einfach nur mit einem Spritzer Zitronensaft abrunden.

HINWEIS Verwenden Sie möglichst Jasminreis für dieses Gericht.

TIPP Probieren Sie ruhig Variationen aus und verwenden Sie fein gehackten frischen Ingwer, Koriander oder in Scheiben geschnittene gekochte Kartoffeln. Hühnchen oder Kichererbsen passen ebenfalls hervorragend.

NÄHRWERTE/PORTION 451 kcal • **Fett** 15 g • **Natrium** 196 mg • **Kohlenhydrate** 72 g • **Ballaststoffe** 9 g • **Eiweiß** 11 g

PORTIONEN 2
ZUBEREITUNGSZEIT 20 Minuten

Lachsnudeln

Hier kommt die leichtere Version eines Klassikers, der üblicherweise mit Stremel- oder Räucherlachs, Sahne und Butter zubereitet wird. Alternativ können Sie auch gegarten Lachs verwenden.

250 g Farfalle (oder eine andere mittelgroße Nudelsorte)

100 g Stremellachs (alternativ geräucherter Lachs)

250 g Naturjoghurt (wenn Sie griechischen Joghurt verwenden, ein wenig Wasser dazugeben)

125 ml salzarme Brühe, Wasser oder Milch

1 kleine Tomate, gewürfelt

1 Möhre, gewürfelt

75 g Erbsen (TK-Erbsen mit Möhren sind ein guter Ersatz)

4 EL gehackte frische glatte Petersilie

ZUTATEN NACH WAHL

frischer Estragon, Kapern und/oder gehackte grüne Oliven

1. Nudeln nach Packungsangabe al dente garen (etwa 10–11 Minuten); abseihen. Mit ein wenig Olivenöl vermischen und beiseitestellen.
2. Beim Lachs gegebenenfalls verbliebene Gräten entfernen und das Fischfleisch in kleine Stücke schneiden oder zerpflücken.
3. In einem großen tiefen Topf den Joghurt mit Brühe, Wasser oder Milch glatt rühren. Die Mischung sollte recht dickflüssig sein. Bei mittlerer Hitze unter ständigem Rühren kurz aufwallen und anschließend sanft köcheln lassen.
4. Tomate, Möhre, Erbsen und Petersilie in die Joghurtsauce geben und 5–6 Minuten garen, bis die Möhren weich sind. Gegarte Nudeln und Lachs (sowie die Zutaten Ihrer Wahl) zufügen, gründlich durchmischen. Den Topf vom Herd nehmen.

Lachsnudeln vor dem Servieren noch mit Salz und Pfeffer abschmecken und bei Tisch geriebenen Parmesan und frisch gepressten Zitronensaft zu den Nudeln reichen.

NÄHRWERTE/PORTION 584 kcal • **Fett** 5 g • **Natrium** 1.032 mg • **Kohlenhydrate** 106 g • **Ballaststoffe** 8 g • **Eiweiß** 33 g

PORTIONEN 8
ZUBEREITUNGSZEIT 1½–2 Stunden, einschließlich Marinierzeit

Chicken Tikka Masala

Das traditionelle indische Gericht wurde von mir in diesem Rezept aufs Wesentliche reduziert. Scheuen Sie sich also nicht, mit weiteren Gewürzen und den Schärfegraden zu experimentieren, wenn Sie es zu Hause zubereiten. Und denken Sie daran, dass das Hähnchenfleisch mindestens 1 Stunde marinieren sollte, bevor es gegart wird.

500 g Hähnchenfleisch, in mundgerechte Stücke geschnitten

250 g Tomatensauce

250 g Naturjoghurt

2 EL Currypulver

100 g Zwiebeln, in feine Scheiben geschnitten

1 TL Salz

ZUTATEN NACH WAHL

fein gehackter frischer Ingwer

2–4 grüne Chilischoten, in Streifen geschnitten

1. Das Hähnchenfleisch mit den restlichen Zutaten (auch die Ihrer Wahl) in einer Schüssel vermischen und mindestens 1 Stunde im Kühlschrank marinieren.

2. Den Backofen auf 190 °C vorheizen. Fleisch mitsamt der Marinade in eine tiefe ofenfeste Form füllen, die Form mit Alufolie verschließen und für etwa 1 Stunde in den Ofen schieben, bis das Fleisch durchgegart ist. (Für die Zubereitung auf dem Herd Fleisch und Marinade in einem Topf füllen und bei mittlerer Hitze etwa 30 Minuten köcheln lassen.) Mit Salz und Pfeffer abschmecken.

Mit Korianderblättern garnieren. In tiefen Schalen als würzigen Eintopf oder auf gedämpftem Reis servieren.

NÄHRWERTE/PORTION 399 kcal • **Fett** 5 g • **Natrium** 574 mg • **Kohlenhydrate** 8 g • **Ballaststoffe** 1 g • **Eiweiß** 38 g

Nährwertangaben zu weiteren Zutaten finden Sie im Anhang.

PORTIONEN 4
ZUBEREITUNGSZEIT 30 Minuten

Gegrillte Hähnchenbrust mit Sommernudeln

Mit diesem Rezept können Sie wertvolle Kohlenhydrate mit sommerlichem Grillgenuss verbinden und trotzdem unerwünschte Fette und andere fragwürdige Zutaten vermeiden. Der gemahlene Koriander mit seinem angenehm wärmenden Aroma passt gut zum sommerlichen Gemüse-Mix, aber in der Wahl der Gewürze und Kräuter dürfen Sie ruhig auf Entdeckungsreise gehen.

FÜR DAS HÄHNCHEN

2 EL Olivenöl

Saft von ½ Zitrone

1 TL fein gehackter Knoblauch

1 Tl gemahlener Koriander oder Kreuzkümmel

500 g ausgelöste Hähnchenbrust ohne Haut, in Würfel geschnitten

FÜR DIE NUDELN

250 g Orzo-Nudeln, geröstet (siehe Hinweis)

2 große Möhren, geschält und fein gewürfelt

4 EL klein gewürfelte Tomaten

1 EL gehackte glatte Petersilienblätter

je 1 TL fein gewürfelte Zwiebel und Knoblauch

2 EL Olivenöl

1 EL frisch gepresster Orangensaft

Saft von ½ Zitrone

2–3 EL zerbröckelter Schafskäse

1. Für das Hähnchen Öl mit Zitronensaft, Knoblauch, Koriander oder Kreuzkümmel sowie je 1 Msp. Salz und Pfeffer in einer großen Schüssel verrühren. Das gewürfelte Hähnchenfleisch in die Schüssel geben und rundherum mit dem gewürzten Öl überziehen.
2. Hähnchenfleisch auf Spieße stecken und entweder grillen oder in einer heißen Pfanne in wenig Öl 12 Minuten von allen Seiten goldbraun und gar braten.
3. Die Orzo-Nudeln in einem Topf ohne Fett bei mittlerer bis hoher Hitze anrösten. Achten Sie darauf, dass sie nicht verbrennen. Anschließend Wasser in den Topf gießen und die Nudeln nach Packungsangabe garen. Abseihen.
4. In einer mittelgroßen Schüssel die restlichen Zutaten unter die abgeseihten Nudeln mischen und die Nudeln mit Salz und Pfeffer abschmecken.

Nudeln auf eine große Servierplatte geben und darauf die Hähnchenspieße anrichten. Mit einem Klecks Naturjoghurt, gehackten frischen Kräutern und einer Prise grobem Meersalz abrunden.

HINWEIS Das kurze Rösten der Nudeln verleiht ihnen einen hübschen, leicht nussigen Geschmack.

NÄHRWERTE/PORTION 311 kcal • Fett 14 g • Natrium 29 mg • Kohlenhydrate 1 g • Ballaststoffe 0 g • Eiweiß 53 g
NUDELN (etwa 200 g) 263 kcal • Fett 9 g • Natrium 171 mg • Kohlenhydrate 38 g • Ballaststoffe 1 g • Eiweiß 7 g

Der Hirsesalat von Seite 284 ist ein hervorragender Begleiter zu Fisch und steckt voller Proteine.

PORTIONEN 2
ZUBEREITUNGSZEIT 10 Minuten

Zitronen-Kräuter-Lachs

Die Garmethode des Pochierens führt zu fettarmem und sanft gewürztem Fischfleisch. Lachs ist ein schmackhafter Begleiter zu leichten Kohlenhydraten wie Reis oder Couscous, schmeckt aber auch gut zu dem auf Seite 284 beschriebenen gehaltvolleren Hirsesalat (siehe auch Foto links). Der nussige, leicht knusprige Geschmack von Hirse passt ganz besonders gut zu Fisch.

½ Bio-Zitrone, in Scheiben geschnitten

einige frische Stängel Kräuter: Petersilie, Thymian, Basilikum, Koriandergrün

2 kleine Lachsfilets mit Haut (je 100–120 g)

1. In einen weiten Topf 2,5 cm hoch Wasser gießen und zum Sieden bringen. Zitronenscheiben und Kräuter zufügen.
2. Lachsfilets mit der Hautseite nach unten ins leicht siedende Wasser geben und etwa 3–4 Minuten gar ziehen lassen, bis das Fischfleisch nicht mehr glasig ist. Wenden und die Filets weiter gar ziehen lassen, bis das Fleisch durch und durch rosafarben ist. Filets herausheben und auf Küchenpapier abtropfen lassen. Die Haut abziehen (sie sollte sich ganz leicht ablösen lassen).

Lachsfilets nach Geschmack mit Salz, Pfeffer und Zitronensaft würzen und mit etwas Butter oder Olivenöl abrunden.

NÄHRWERTE/PORTION 132 kcal • **Fett** 4 g • **Natrium** 213 mg • **Kohlenhydrate** 2 g • **Ballaststoffe** 1 g • **Eiweiß** 23 g

PORTIONEN 6
ZUBEREITUNGSZEIT 1½ Stunden

Hackbällchen in Rotweinsauce

Dieses Abendessen wird mehr oder weniger in einem einzigen großen Topf zubereitet und es wird zu Lobeshymnen Ihrer Freunde führen. Tatsächlich erfolgt die Zubereitung im Topf in drei Schritten: Zunächst werden die Hackbällchen im Topf angebraten, anschließend die Sauce im Topf zubereitet, woraufhin die Bällchen zurück in den Topf wandern und in der Sauce geschmort werden – Zeit für Sie, sich über Ihre Kochkünste zu freuen.

FÜR DIE HACKBÄLLCHEN

500 g Rinderhackfleisch

500 g würziges italienisches Wurstbrät

2 Eier, leicht verquirlt

2 EL geriebener Parmesan

125 g Semmelbrösel (siehe Hinweis)

getrocknetes Basilikum und Chiliflocken

4 EL (60 ml) Olivenöl

FÜR DIE SAUCE

1 Zwiebel, fein gewürfelt

2 EL fein gehackter Knoblauch

1 Paprikaschote, fein gewürfelt

1 Tomate, fein gewürfelt

120 g Tomatenmark, mit 250 ml Wasser angerührt

250 g stückige Tomaten aus der Dose

125 ml Rotwein

4 EL (60 ml) Balsamico-Essig

1 EL brauner Zucker

gehackte frische glatte Petersilie und Basilikum

1. Für die Hackbällchen alle Zutaten außer dem Olivenöl in einer großen Schüssel mit den Händen vermischen. Darauf achten, dass die Semmelbrösel gleichmäßig in den Fleischteig eingearbeitet werden. Fleischteig 30 Minuten kalt stellen, anschließend 12 golfballgroße Bällchen daraus formen.
2. In einem großen Topf das Olivenöl auf mittlerer bis hoher Stufe erhitzen. Hackbällchen portionsweise von allen Seiten im heißen Öl anbraten (sie werden erst in der Sauce fertig gegart). Zwischendurch gegebenenfalls weiteres Öl zugießen. Fertige Bällchen auf einem Teller beiseitestellen.
3. Für die Sauce Zwiebel, Knoblauch, Paprika und Tomaten bei mittelstarker Hitze im Topf anschwitzen, bis die Zwiebelwürfel glasig sind.
4. Restliche Zutaten nacheinander in der Reihenfolge ihrer Auflistung immer erst gründlich unterrühren, bevor Sie die nächste Zutat dazugeben.
5. Unter ständigem Rühren die Sauce zum Köcheln bringen, dabei auch den Bodensatz im Topf lösen. Hackbällchen einlegen und im verschlossenen Topf 30–40 Minuten köcheln lassen, bis sie durchgegart sind. Mit Salz abschmecken.

Mit Ihrer Lieblingspasta servieren.

HINWEIS Für selbst gemachte Brösel altbackenes Weißbrot in der Küchenmaschine zu feinen Bröseln mixen.

NÄHRWERTE / PORTION (2 Hackbällchen & Sauce) 449 kcal • **Fett** 27 g • **Natrium** 748 mg • **Kohlenhydrate** 15 g • **Ballaststoffe** 2 g • **Eiweiß** 33 g

PORTIONEN 2–4
ZUBEREITUNGSZEIT 25 Minuten

Flatiron-Steaks mit Senfsauce

Ich bin ein ausgesprochener Fan von weniger bekannten Steak-Zuschnitten wie hier aus dem sogenannten Schaufelstück der Rinderschulter. Ich mag die grobfaserige Textur und Saftigkeit des Fleischs, außerdem ist es preisgünstiger als klassische Steaks. Auch mit Flank- oder Skirtsteak gelingt dieses Rezept gut.

500–1000 g Flatiron-Steaks (filetiertes Schaufelstück vom Rind), überschüssiges Fett entfernt

Olivenöl, Salz, Pfeffer und brauner Zucker als Würzmischung zum Einreiben

je 1 TL fein gehackter Knoblauch, Zwiebel und Petersilie

1 TL ganze Pfefferkörner (möglichst bunte Pfefferkörner)

1 EL Olivenöl

FÜR DIE SAUCE

2 EL Dijon- oder ein anderer grobkörniger Senf

4 EL Naturjoghurt

1 EL Apfelessig

1. Den Backofen auf 190 °C vorheizen. Steakfleisch mit Öl, Salz, Pfeffer und etwas Zucker rundherum einreiben.
2. Eine ofenfeste Sautierpfanne auf hoher Stufe erhitzen. Steaks in die heiße Pfanne legen und auf beiden Seiten kurz anbraten. Am Rand der Pfanne Knoblauch, Zwiebel, Petersilie und Pfefferkörner in 1 EL Olivenöl einige Sekunden anschwitzen, bis die Pfefferkörner glänzen und prall werden.
3. Die Pfanne in den vorgeheizten Ofen stellen und die Steaks 8–10 Minuten je nach gewünschtem Gargrad fertig braten. (Ich persönlich mag sie am liebsten medium bis medium-rare.) Steaks aus der Pfanne nehmen und beiseitestellen, während Sie die Sauce zubereiten.
4. Für die Sauce Senf, Joghurt und Essig in die heiße Pfanne geben (vorsichthalber einen Deckel griffbereit haben, da der Essig mächtig spritzen kann) und gründlich verrühren. Sauce mit Salz und Pfeffer abschmecken.

Steaks quer zur Faser in Scheiben schneiden. Auf einzelnen Tellern anrichten und mit Sauce überziehen. Dazu passen Kartoffeln.

TIPP Idealerweise bereiten Sie das Gericht in einer beschichteten Pfanne zu.

NÄHRWERTE/PORTION (250 g Steakfleisch) 448 kcal • Fett 24 g • Natrium 160 mg • Kohlenhydrate 11 g • Ballaststoffe 0 g • Eiweiß 52 g
SENFSAUCE (2 EL) 21 kcal • Fett 1 g • Natrium 239 mg • Kohlenhydrate 1 g • Ballaststoffe 0 g • Eiweiß 1 g

PORTIONEN 2
ZUBEREITUNGSZEIT 50 Minuten

Maisküchlein mit knusprigem Hähnchen

Mit den Maisküchlein gönnen Sie sich einen besonderen Genuss, wenn Sie Pasta und Reis langsam nicht mehr sehen können. Dieses wunderbare und trotzdem unkomplizierte Abendessen lässt sich auch etwas zeitsparender zubereiten, indem Sie den Maisteig im Voraus zubereiten und auf Fleisch von einem fertigen Grillhähnchen zurückgreifen.

FÜR DIE MAISKÜCHLEIN

115 g Masa Harina (spezielles Maismehl für Tortillas)

1 TL Salz

1 TL brauner Zucker

1 EL Traubenkern- oder Rapsöl

FÜR DAS KNUSPRIGE HÄHNCHEN

GEGART 300 g gegartes Hähnchenfleisch, in Streifen zerpflückt

1 Zwiebel, in feine Scheiben geschnitten

1 EL gehackter Knoblauch

1 Jalapeño-Chilischote, in feine Streifen geschnitten

1 EL gemahlener Kreuzkümmel

4 EL Rosinen

2 EL gehacktes frisches Koriandergrün

4 EL mexikanischer Frischkäse (Queso fresca) oder Ziegenfrischkäse (nach Belieben)

1. Für die Maisküchlein in einer Schüssel alle Zutaten außer dem Öl mit 180 ml kochendem Wasser mixen, bis der Teig sich zu einer Kugel zusammenballt. Etwa 30 Minuten ruhen lassen. Aus dem Teig 8 kleine Kugeln formen und jeweils mit dem Handballen zu dicken Küchlein von 8–10 cm Durchmesser flach drücken.
2. Eine beschichtete Sautierpfanne ohne Fett auf mittlerer bis hoher Stufe erhitzen. Die Maisküchlein auf beiden Seiten in der Pfanne kurz rösten, aber noch nicht durchgaren. Herausnehmen und beiseitestellen. (Die Küchlein können Sie nach dem Rösten bis zur endgültigen Zubereitung eingepackt im Kühlschrank aufbewahren.)
3. In die Pfanne 1 EL Traubenkern- oder Rapsöl geben und auf mittlerer bis hoher Stufe erhitzen. Jeweils 2–3 Küchlein darin in etwa 3 Minuten von beiden Seiten knusprig braten.
4. Gegartes Hähnchenfleisch, Zwiebel, Knoblauch, Chilischote und Kreuzkümmel in einer zweiten Pfanne in etwas heißem Öl braten. Wenn das Fleisch knusprig wird, die Rosinen untermischen und die Herdplatte ausschalten. Hähnchenpfanne mit Koriandergrün und nach Belieben mit dem Käse bestreuen. Mit Salz und Pfeffer abschmecken.

Auf jedes Maisküchlein etwas von dem knusprigen Hähnchenfleisch geben, mit weiterem Koriandergrün und zerbröckeltem Käse bestreuen und mit etwas Salz und einem Spritzer Limettensaft abrunden.

HÄHNCHEN 355 kcal • **Fett** 7 g • **Natrium** 189 mg • **Kohlenhydrate** 19 g • **Ballaststoffe** 2 g • **Eiweiß** 55 g
MAISKÜCHLEIN (3 Stück) 276 kcal • **Fett** 9 g • **Natrium** 1.166 mg • **Kohlenhydrate** 47 g • **Ballaststoffe** 8 g • **Eiweiß** 4 g
Nährwertangaben zu weiteren Zutaten finden Sie im Anhang.

★ Noch etwas feiner schmecken die Küchlein mit Schoko-Balsamico-Essig (siehe Seite 300) beträufelt.

PORTIONEN 1+
ZUBEREITUNGSZEIT 20 Minuten

Steak aus der Pfanne

Ein richtig gutes Steak hinzukriegen, ist überraschend einfach. Der Koriander in der hier verwendeten Gewürzmischung aus Salz, Pfeffer und Zucker verleiht dem Fleisch eine feine Zitrus- und Salbeinote, und die Tomatenkonfitüre ist zwar kein Muss, hebt die einzelnen Geschmackskomponenten aber wunderbar hervor.

pro Person 1 Rib-Eye- oder Rinderfiletsteak (120–180 g)

Salz, Pfeffer, brauner Zucker und gemahlener Koriander als Würzmischung zum Einreiben

pro Person einige dicke Scheiben rustikales Brot

Tomatenkonfitüre (siehe Seite 295)

1 kleines Bund Radieschen, in feine Scheiben geschnitten

zerbröckelter Blauschimmel- oder Ziegenkäse

Saft von ½ Zitrone

1. Steak mit Salz, Pfeffer, etwas Zucker und 1 Msp. gemahlenem Koriander von allen Seiten einreiben. Eine dünn eingeölte Sautierpfanne auf mittlerer bis hoher Stufe erhitzen.
2. Steak in der heißen Pfanne auf beiden Seiten kräftig anbraten, dann die Temperatur auf mittlere Hitze stellen und das Fleisch bis zum gewünschten Gargrad weiterbraten (circa 10–12 Minuten). Steak aus der Pfanne nehmen und ruhen lassen, während Sie das Brot rösten.
3. Brotscheiben auf beiden Seiten mit Butter oder Öl bestreichen und in der heißen Pfanne oder unter dem Backofengrill von beiden Seiten knusprig rösten.

Das Steak (ganz oder aufgeschnitten) auf geröstetem Brot anrichten und etwas Tomatenkonfitüre darauf löffeln. Mit Radieschenscheiben und zerbröckeltem Käse garnieren. Steak mit Zitronensaft beträufeln und nach Geschmack schwarzen Pfeffer darübermahlen.

TIPP Lassen Sie das Steak vor dem Servieren unbedingt etwas ruhen. In dieser Zeit verteilt sich der Fleischsaft wieder und macht das Steak saftig.

NÄHRWERTE/PORTION 629 kcal • **Fett** 20 g • **Natrium** 1.085 mg • **Kohlenhydrate** 66 g • **Ballaststoffe** 4 g • **Eiweiß** 44 g

★ Tomatenkonfitüre (Seite 295) schmeckt fantastisch zu Steaks.

★ Das Pfirsich-Chutney (Seite 296) ist eine wunderbare Ergänzung zu den salzigen Noten des Schweinefleischs.

PORTIONEN 4
ZUBEREITUNGSZEIT 30 Minuten

Gegrillte Schweinelende mit Pfirsich-Chutney

Die gegrillte Lende besticht durch ihren wunderbaren Mix aus salzigen und süßen Noten. Sie kann Athleten, die sich mitten in einer strapaziösen Trainingsphase befinden, genau das geben, wonach ihr Körper verlangt. Als Kohlenhydratspender zu diesem Gericht favorisiere ich den Hirse-Couscous mit Trockenfrüchten (siehe Seite 285), weil er die pikant-fruchtigen Aromen so unglaublich gut auszuspielen weiß.

2 EL Pfirsich-Chutney (siehe Seite 296), plus Chutney zum Servieren

2 EL Olivenöl

500 g Schweinelende

Salz, Pfeffer und brauner Zucker als Würzmischung zum Einreiben

1. In einer kleinen Schüssel 2 EL Chutney mit 2 EL Olivenöl verrühren. Die Mischung wird als Glasur für das Fleisch verwendet.
2. Den Grill vorbereiten. Die Lende rundherum kräftig mit einer Würzmischung aus Salz, Pfeffer und Zucker einreiben.
3. Das Fleisch 12–15 Minuten von allen Seiten grillen, bis es im Kern noch leicht rosa ist. Kurz vor Ende der Garzeit die Lende großzügig mit der Glasur bestreichen. Vom Grill nehmen und vor dem Aufschneiden einige Minuten ruhen lassen.

Lende in Scheiben schneiden und Pfirsich-Chutney daraufklecksen. Mit Couscous oder Röstbrotscheiben und Ihren Lieblingsbeilagen servieren.

TIPP Auch Schweinekoteletts schmecken auf diese Weise zubereitet richtig gut.

NÄHRWERTE/PORTION 426 kcal • **Fett** 17 g • **Natrium** 1.221 mg • **Kohlenhydrate** 40 g • **Ballaststoffe** 3 g • **Eiweiß** 30 g

PORTIONEN 4
ZUBEREITUNGSZEIT 20 Minuten
+ mindestens 1 Stunde Marinierzeit

Steak Onglet im Gewürzmantel

Das in Amerika „hanging tender" oder „hanging steak" genannte Teilstück aus dem Nierenzapfen (französisch „onglet") wird vor allem in Frankreich hochgeschätzt. Das magere, geschmacksintensive Fleisch mit leicht zäher, grobfaseriger Konsistenz verträgt sich besonders gut mit kräftig gewürzten Marinaden und Saucen. Sollten Sie diesen besonderen Steakzuschnitt nicht bekommen, weichen Sie auf andere dünne und fettarme Zuschnitte aus. Steaks dieser Art werden idealerweise medium-rare oder medium serviert.

- 1 kg Steak Onglet vom Bison oder Rind
- 1 EL brauner Zucker
- 1 TL grobes Meersalz
- 2 TL Currypulver
- 1 TL gemahlener Kardamom
- 1 TL grob gemahlener schwarzer Pfeffer

1. Von dem Steakfleisch überschüssiges Fett entfernen. Die restlichen Zutaten in einer kleinen Schüssel zu einer Würzmischung vermengen und das Fleisch rundherum damit einreiben. Mindestens 1 Stunde oder über Nacht im Kühlschrank einziehen lassen.
2. Eine dünn eingeölte Sautierpfanne auf hoher Stufe erhitzen. Steakfleisch von allen Seiten in der heißen Pfanne anbraten. Der in der Würzmischung enthaltene Zucker verleiht dem Fleisch eine köstliche Kruste.
3. Fleisch bis zum gewünschten Gargrad in der Pfanne auf dem Herd fertig braten oder die (ofenfeste!) Pfanne in den auf 200 °C vorgeheizten Backofen stellen. Die Garzeit beträgt so oder so nicht länger als etwa 12–15 Minuten.

Steak Onglet vor dem Aufschneiden 3–5 Minuten bei Raumtemperatur ruhen lassen. Quer zur Faser in dünne Scheiben schneiden und mit Polenta, Kartoffeln, Reis oder Salat servieren.

TIPP Mit der Würzmischung eingerieben hält sich das Fleisch bis zu 3 Tage im Kühlschrank.

NÄHRWERTE/PORTION 389 kcal • **Fett** 11 g • **Natrium** 598 mg • **Kohlenhydrate** 2 g • **Ballaststoffe** 0 g • **Eiweiß** 67 g

★ Perfekt zu Steak, Hähnchen und Fisch passt die leicht herb schmeckende, grünem Pesto ähnliche Chimichurri-Sauce (Seite 293).

PORTIONEN 4
ZUBEREITUNGSZEIT 40 Minuten

Sheperd's Pie

Der britische Klassiker, ein Hackfleischauflauf mit Kartoffelkruste, wird mit dem Putenhackfleisch etwas leichter als üblich, büßt aber nichts von seiner Herzhaftigkeit ein.

1 kg Kartoffeln, abgebürstet

1 EL Butter

60 ml Milch

je 1 Msp. geriebene Muskatnuss, Salz und Pfeffer

500 g Putenhackfleisch

½ Zwiebel, fein gewürfelt

2 Knoblauchzehen, fein gehackt

1 Tomate, fein gewürfelt

2 EL Melasse (Zuckerrohr-Sirup; aus dem Reformhaus oder Bioladen) oder brauner Zucker

4 El Ketchup

1 Schuss salzarme Sojasauce

ZUTATEN NACH WAHL
(1 TL insgesamt)

gemahlener Zimt, gemahlener Kreuzkümmel, Chilipulver, Selleriesalz, geriebene Muskatnuss

1. Die ungeschälten Kartoffeln in Wasser weich kochen oder 8–10 Minuten in der Mikrowelle garen. Abkühlen lassen, pellen und in große Würfel schneiden.
2. In einer großen Schüssel die gegarten Kartoffeln mit Butter und Milch zu feinem Püree zerstampfen. Mit Muskatnuss, Salz und Pfeffer abschmecken. Gegebenenfalls etwas mehr Milch zugeben, falls das Kartoffelpüree zu trocken ist. Beiseitestellen.
3. In einer großen Sautierpfanne das Hackfleisch bei mittlerer bis starker Hitze anbraten. Die restlichen Zutaten untermischen, einen Deckel auflegen und alles 10 Minuten köcheln lassen. Abschmecken und gegebenenfalls nachwürzen.
4. Den Backofen auf 190 °C vorheizen. Eine 20–22 cm große runde Auflaufform einfetten. Die Hackfleischmischung darin verteilen und das Kartoffelpüree gleichmäßig darauf verstreichen. Den Auflauf 20 Minuten im Ofen backen, bis das Püree auf der Oberseite stellenweise gebräunt ist.

Den Auflauf etwas abkühlen lassen. Mit gehackten frischen Kräutern und frisch geriebenem Parmesan bestreut servieren.

NÄHRWERTE/PORTION 449 kcal • **Fett** 4 g • **Natrium** 486 mg • **Kohlenhydrate** 138 g • **Ballaststoffe** 26 g • **Eiweiß** 65 g

Gut schmecken die zerdrückten Kartoffeln dazu (siehe Seite 289) oder aber Pasta mit Gemüse.

PORTIONEN 4
ZUBEREITUNGSZEIT 15 Minuten
+ 90 Minuten Garzeit

Ein ganzes Brathähnchen

Natürlich könnten Sie auch ein fertiges Grillhähnchen besorgen, aber es hat seinen ganz besonderen Reiz, es selbst zuzubereiten. Und Reste davon können Sie in vielen anderen Gerichten weiterverwerten.

1 küchenfertig vorbereitetes Brathuhn (etwa 2,5 kg)

4 EL (60 ml) Olivenöl

grobes Meersalz und gemahlener schwarzer Pfeffer

2 mittelgroße Möhren, grob gehackt

1 Zwiebel, in große Stücke geschnitten

4–6 Knoblauchzehen, geschält, zerdrückt

½ Bund Petersilie, gehackt

ZUTATEN NACH WAHL

große Stücke von Kartoffeln, Roter Bete, Pastinaken und Speiserüben

1. Den Backofen auf 180 °C vorheizen. Bei Bedarf ein Ofenblech als Bräter vorbereiten.
2. Das Hähnchen rundherum mit etwa Olivenöl bestreichen und gründlich mit Meersalz und Pfeffer einreiben. Mit der Brust nach oben in einen tiefen Bräter legen.
3. Möhren, Zwiebel, Knoblauch und Petersilie (und die Zutaten Ihrer Wahl) in eine Schüssel geben und mit dem restlichen Olivenöl vermischen, bis alles mit Öl überzogen ist. Nach Geschmack mit grobem Meersalz und Pfeffer würzen. Den Gemüse-Mix rund um das Hähnchen im Bräter verteilen. Bräter mit Alufolie verschließen und für 1 Stunde in den Ofen schieben.
4. Die Alufolie abziehen. Das Gemüse durchrühren und das Hähnchen mit dem Bratenfond bepinseln. Den Bräter erneut mit der Alufolie verschließen und das Hähnchen 20 Minuten im Ofen weiterbraten.
5. Alufolie abziehen und das Hähnchen mit Bratenfond bepinseln. Im offenen Bräter weiterbraten, bis das Hähnchen nach insgesamt etwa 90 Minuten durchgegart ist. Beim Einstechen in die dickste Stelle eines Schenkels muss klarer Fleischsaft austreten, die Haut sollte schön gebräunt und knusprig sein und das Hähnchenfleisch auf leichten Fingerdruck nachgeben.

Das Hähnchen vor dem Tranchieren etwas abkühlen lassen.

NÄHRWERTE/PORTION 324 kcal • **Fett** 19 g • **Natrium** 179 mg • **Kohlenhydrate** 8 g • **Ballaststoffe** 2 g • **Eiweiß** 31 g
Nährwertangaben zu weiteren Zutaten finden Sie im Anhang.

DESSERTS

Hin und wieder dürfen Sie sich ruhig etwas gönnen. Deshalb haben wir in dieses Kapitel einige köstliche Dessert gepackt, mit denen Sie Ihrer Lust auf Süßes nachgeben oder eine Mahlzeit zu einem leckeren Abschluss bringen können. Nach einem harten Trainingstag versorgen die Desserts Sie aber auch schnell mit ein paar satten Kalorien.

In der Regel verbindet man mit Süßspeisen nichts Gutes. Aber alle Gründe, die gegen sie sprechen – sie haben einen hohen glykämischen Index, enthalten viel Zucker und Fett und verführen uns dazu, zu viel von ihnen zu essen – verwandeln sich direkt nach der Trainingsbelastung plötzlich in Argumente für sie. Deshalb, und wohl wissend, dass tatsächlich manche Leute schnell eine Süßspeise verdrücken, kaum dass sie die Trainingseinheit beendet haben, verwenden wir viel frisches Obst. Und für Zeiten, in denen Sie mal einen richtigen Stimmungsaufheller brauchen, probieren Sie Bijus Schoko-Brotpudding oder die Schoko-Cakes ohne Mehl.

Wenn Sie aber, wie viele Athleten, mit denen wir arbeiten, sehr genau darauf achten, was Sie essen, halten Sie sich womöglich am liebsten an das, was nach einem Rennen auch am häufigsten verlangt wird: eine Schüssel mit frischen Früchten, Beeren und Joghurt, mit Honig beträufelt und bestreut mit Bijus stets gefragtem Mix aus gerösteten Nüssen.

DRINKS

DESSERTS

V Vegetarisch
G Glutenfrei

PORTIONEN 2
ZUBEREITUNGSZEIT 5 Minuten

Reis-Smoothie

Diesen Smoothie sollten Sie idealerweise nach einer Trainingseinheit trinken. Für eine etwas dickere Konsistenz geben Sie Eiscreme dazu – oder mixen Sie reife Bananenscheiben unter, die Sie für viele Gelegenheiten im Gefrierfach vorrätig halten sollten.

GEGART **225 g gegarter Reis**
60 g Naturjoghurt
125 ml Milch

1 reife Banane

ODER

2 EL Haselnusscreme

ODER

125 g Erdbeeren

ZUTATEN NACH WAHL

Eiweißpulver
etwas mehr Milch für die Konsistenz

1. Alle Zutaten in den Mixer geben und glatt pürieren. Fügen Sie etwas mehr Milch oder Eiscreme hinzu für eine dünnere oder dickere Konsistenz.

BANANE 221 kcal • **Fett** 1 g • **Natrium** 60 mg • **Kohlenhydrate** 49 g • **Ballaststoffe** 2 g • **Eiweiß** 6 g
HASELNUSSCREME 277 kcal • **Fett** 6 g • **Natrium** 69 mg • **Kohlenhydrate** 47 g • **Ballaststoffe** 2 g • **Eiweiß** 7 g
ERDBEEREN 179 kcal • **Fett** 1 g • **Natrium** 60 mg • **Kohlenhydrate** 38 g • **Ballaststoffe** 2 g • **Eiweiß** 6 g

PORTIONEN 4
ZUBEREITUNGSZEIT 10 Minuten

Frisches Obst mit Ingwersahne

Früchte und Beeren sind leckere Desserts für jeden Tag, doch mit einem Klecks Ingwersahne serviert, erklimmen sie ungeahnte Genusshöhen. St. Germain ist ein Likör aus Holunderblüten, dessen vollmundiger Geschmack insbesondere durch Beerenfrüchte und Ingwer hervorsticht.

200 g frische Beeren und andere Früchte (Bananen, Mangos, Kiwis), gewaschen, geschält

250 g Sahne

1 EL St. Germain (Holunderblütenlikör; siehe Hinweis)

1 TL fein gehackter oder frisch geriebener Ingwer

1. Früchte und Beeren nach Bedarf in Scheiben schneiden. Beiseitestellen.
2. Sahne mit den Quirlen eines elektrischen Handrührers steif schlagen. Likör und Ingwer unterheben. Abschmecken und nach Belieben mit Likör oder etwas Zucker nachsüßen.

Beeren und Früchte in Schälchen anrichten und Ingwersahne auf das Obst löffeln. Mit Keksen servieren.

HINWEIS Der Likör lässt sich durch 1 EL Honig ersetzen.

NÄHRWERTE/PORTION (½ Schälchen) 224 kcal • **Fett** 23 g • **Natrium** 24 mg • **Kohlenhydrate** 4 g • **Ballaststoffe** 0 g • **Eiweiß** 0 g
Die Nährwertberechnung bezieht sich nur auf die Ingwersahne; Nährwerte für Beeren und Früchte sind im Anhang aufgelistet.

PORTIONEN 6
ZUBEREITUNGSZEIT 40 Minuten

Knusperpfirsiche

Anstelle der in diesem Rezept verwendeten Pfirsiche können Sie auch Äpfel oder anderes Obst der Saison verwenden. Je nach Reife der Früchte müssen Sie eventuell noch etwas nachsüßen.

Butter zum Einfetten der Form

300 g frische Pfirsiche, geschält und in feine Spalten geschnitten

75 g Mehl (oder eine glutenfreie Backbrotmischung)

50 g kernige Haferflocken

4 EL brauner Zucker

125 g Butter

ZUTATEN NACH WAHL

4 EL klein gehackte Nusskerne und/oder Trockenfrüchte

1 TL gemahlener Zimt

1. Den Backofen auf 190 °C vorheizen. Eine Auflaufform (1 Liter Inhalt) dünn mit Butter ausstreichen. Die Pfirsichspalten in der Form verteilen.
2. In einer Schüssel Mehl, Haferflocken und Zucker mischen, dann die Butter mit einer Gabel Stück für Stück in die Mischung einarbeiten. Zutaten nach Wahl untermengen.
3. Die Mischung gleichmäßig über die Pfirsiche geben. Im Ofen 25–35 Minuten backen, bis die Oberseite goldbraun ist und die Pfirsiche weich sind.

Auf die Knusperpfirsiche etwas Eiscreme geben oder mit Melasse (Zuckerrohrsirup) beträufeln. Warm servieren.

NÄHRWERTE/PORTION 271 kcal • **Fett** 16 g • **Natrium** 156 mg • **Kohlenhydrate** 31 g • **Ballaststoffe** 3 g • **Eiweiß** 3 g
Nährwertangaben zu weiteren Zutaten finden Sie im Anhang.

PORTIONEN 4
ZUBEREITUNGSZEIT 5–15 Minuten

Reispudding

Übriggebliebener Reis vom Vortag wird in diesem Rezept flugs zu einem Dessert verarbeitet. Lassen Sie den Pudding vor dem Essen möglichst noch ein paar Stunden durchziehen, dann schmeckt er umso besser. Oder bereiten Sie gleich mehr zu, um am nächsten Tag auch noch die Reste genießen zu können.

500 ml Milch (jede Sorte)

3 Eigelb

GEGART **350 g gegarter Reis (entspricht etwa 140 g rohem Reis; siehe Hinweis)**

2 EL brauner Zucker

¼ TL Vanilleextrakt

ZUTATEN NACH WAHL

2 EL Ihrer Lieblingstrockenfrüchte oder -nüsse

gemahlener Zimt, geriebene Muskatnuss oder gemahlener Piment

4 EL Kürbis- oder Süßkartoffelmus, Joghurt, Apfelmus oder Fruchtkonfitüre

ZUBEREITUNG AUF DEM HERD

1. In einem mittelgroßen Topf Milch und Eigelbe verrühren, zum Köcheln bringen und die Eiermilch anschließend leicht sieden lassen.
2. Reis, Zucker und Vanille einrühren, mit 1 Msp. Salz würzen und die Zutaten Ihrer Wahl unterrühren (siehe Liste). Einige Minuten sieden lassen, bis die Mischung eindickt. Den Topf vom Herd nehmen und den Pudding abkühlen lassen.

ZUBEREITUNG IN DER MIKROWELLE

1. Milch, Eigelbe, Reis, Zucker und Vanille in einer großen mikrowellengeeigneten Schüssel verrühren. Zudeckt in der Mikrowelle auf hoher Stufe 1½ Minuten erhitzen.
2. Die Mischung durchrühren; mit 1 Msp. Salz würzen und die Zutaten Ihrer Wahl untermischen. Nochmals 1–2 Minuten in der Mikrowelle erhitzen. Vor dem Servieren abkühlen lassen.

HINWEIS **Sollten Sie keinen gegarten Reis vorrätig haben, frisch gegarten Reis vor der Verwendung auskühlen lassen.**

NÄHRWERTE/PORTION 208 kcal • **Fett** 5 g • **Natrium** 125 mg • **Kohlenhydrate** 30 g • **Ballaststoffe** 2 g • **Eiweiß** 12 g
Nährwertangaben zu weiteren Zutaten finden Sie im Anhang.

PORTIONEN 8
ZUBEREITUNGSZEIT 45–60 Minuten

Schoko-Brotpudding

Wer noch schnell ein Dessert braucht, ist mit diesem Rezept gut beraten – Präzisionsarbeit wird Ihnen hier nämlich nicht abverlangt. Mit altbackenem oder schon hart gewordenem Brot funktioniert es am besten. Zu weiches Brot lässt den Pudding eher matschig werden.

- **Butter zum Einfetten der Form**
- **8 Scheiben Brot, in Würfel geschnitten**
- **4 Eier, verquirlt**
- **4 EL Zucker**
- **125 ml Mandelmilch**
- **85 g Schokotropfen, geschmolzen**
- **1 EL Vanilleextrakt**
- **etwas gemahlener Zimt**
- **1 kleine Banane, in Scheiben geschnitten**

1. Den Backofen auf 180 °C vorheizen. Eine 22–23 cm große runde Backform mit Butter ausstreichen.
2. Außer den Brotwürfeln sämtliche Zutaten in einer großen Rührschüssel vermengen. Brotwürfel etwa 10 Minuten darin einweichen, bis sie sich mit Flüssigkeit vollgesaugt haben. Sollte sich anschließend keine Flüssigkeit mehr in der Schüssel befinden, etwas mehr Milch dazugießen.
3. Brotmischung in die vorbereitete Form füllen und 30–45 Minuten im Ofen backen, bis ein in die Mitte hineingesteckter Zahnstocher beim Herausziehen sauber herauskommt.

Brotpudding in kleinen Schalen anrichten und mit frischen Früchten garnieren.

TIPP Am einfachsten bereiten Sie Brotpudding wie folgt zu: Sie geben Ihre Lieblings-Eiermilch für Arme Ritter in eine ofenfeste Form, weichen darin das aufgeschnittene Brot ein, fügen in Scheiben geschnittenes Obst dazu und backen den „Pudding“, bis er fest ist.

NÄHRWERTE/PORTION 215 kcal • **Fett** 11 g • **Natrium** 94 mg • **Kohlenhydrate** 23 g • **Ballaststoffe** 1 g • **Eiweiß** 4 g

PORTIONEN 4
ZUBEREITUNGSZEIT 10 Minuten
+ Gefrierzeit über Nacht

Einfache Granita

Viele Sorbet-Rezepte sehen für die Zubereitung eine Eismaschine vor – eine eher teure Anschaffung, die höchstens ein paar Mal im Jahr zum Einsatz kommt. Für unsere Granita brauchen Sie nichts weiter als einen Mixer oder eine kleine Küchenmaschine und ein Gefrierfach.

125 ml einfacher Sirup (siehe unten)

225 g frische Früchte

1 TL Zitronensaft

EINFACHER SIRUP

4 EL Süßungsmittel Ihrer Wahl (Honig, Agavendicksaft, Ahornsirup oder Konfitüre)

EMPFEHLENSWERTE KOMBINATIONEN

Bananen und Erdbeeren

Cantaloupe-Melone und Ingwer

Gurke und frisches Basilikum

Mango und Himbeeren

Pfirsiche und Minzeblätter

1. Für den Sirup das Süßungsmittel mit 180 ml warmem Wasser verrühren. Abschmecken und gegebenenfalls nachsüßen.
2. Sämtliche Zutaten im Mixer oder in der Küchenmaschine sehr fein pürieren. Das Fruchtpüree in einen Plastikbehälter mit Deckel füllen und über Nacht gefrieren lassen.

NÄHRWERTE/PORTION 90 kcal • **Fett** 0 g • **Natrium** 2 mg • **Kohlenhydrate** 23 g • **Ballaststoffe** 2 g • **Eiweiß** 1 g

PORTIONEN 8
ZUBEREITUNGSZEIT 20 Minuten
+ 35 Minuten Backzeit

Angel Food Cake

Eine fettarme, wunderbar leichte Süßspeise, die glücklich macht und die Sie unbedingt probieren sollten. Sie besteht aus einer Eiweiß-Biskuitmasse, die in drei Schritten zubereitet wird. Sie könnten für dieses Dessert ersatzweise auch fertige Biskuit-Torteletts nehmen, die aber geschmacklich nicht an diesen Kuchen heranreichen.

150 g Mehl

1EL Speisestärke

100 g Puderzucker

12 Eiweiß, raumtemperiert

¾ TL Salz

1½ TL Weinstein

1 TL Vanilleextrakt oder Mandelaroma

Beeren oder Früchte der Saison, in mundgerechte Stücke geschnitten

Milch

1. Den Backofen auf 180 °C vorheizen. Mehl, Speisestärke und 65 g Puderzucker zusammen in eine Schüssel sieben. Beiseitestellen.
2. Mit den Quirlen eines elektrischen Handrühers Eiweiße mit dem Salz schaumig schlagen. Weinstein hinzufügen und weiterschlagen, bis der Eischnee weiche Spitzen bildet. Den restlichen Puderzucker (35 g) einrieseln lassen und alles zu steifem Eischnee schlagen. Er sollte schön glänzen, aber nicht trocken sein. Vanilleextrakt oder Mandelaroma unterheben.
3. Nach und nach behutsam die Mehlmischung unter den Eischnee heben. Die Masse in eine Gugelhupf- oder Springform mit Rohrboden einfüllen, glatt streichen und 30–35 Minuten im Ofen backen. Aus dem Ofen nehmen und zum Auskühlen die Form auf den Kopf stellen, da der Kuchen sonst zusammenfällt. Vollständig erkalten lassen und den Angel Cake dann erst aus der Form lösen.

Ergibt 8 Kuchenstücke. In kleinen Schüsseln oder Schalen anrichten, mit Früchten oder Beeren garnieren, mit Milch übergießen und nach Belieben mit etwas Honig beträufeln.

NÄHRWERTE/PORTION 144 kcal • **Fett** 0 g • **Natrium** 297 mg • **Kohlenhydrate** 28 g • **Ballaststoffe** 1 g • **Eiweiß** 7 g
Die Nährwertberechnung erfolgte mit 150 g Heidelbeeren.

Öffnen Sie eine Flasche Ihrer Lieblingsspirituose für dieses Dessert – gut passen etwa Brandy, Pernod, Chambord, Amaretto oder Jack Daniels. ★

PORTIONEN 12
ZUBEREITUNGSZEIT 30 Minuten

Schoko-Cakes ohne Mehl

Für viele Athleten zählen diese kleinen Kuchen zum Verwöhnprogramm – und ich kenne den einen oder anderen Profi-Sportler, der diese Schoko-Cakes als sein Lieblingsdessert bezeichnet. Selig machend schokoladig und mit einem Hauch Ihrer Lieblingsspirituose verfeinert.

350 g zartbittere Schokotropfen

200 g Butter, in Stücke geschnitten

4 EL Ihrer Lieblingsspirituose

10 große Eier

4 EL Zucker

1 TL Vanilleextrakt

½ TL Salz

1 Prise Cayennepfeffer

1. Den Backofen auf 160 °C vorheizen. Die Mulden einer 12er-Muffinform einfetten oder Muffinförmchen aus Folie in die Mulden setzen.
2. Den unteren Teil eines Wasserbadtopfs oder einen normalen kleinen Topf zur Hälfte mit Wasser füllen. Wasser zum Köcheln bringen.
3. In dem oberen Teil des Wasserbadtopfs oder in einer Edelstahlrührschüssel (siehe Hinweis) Schokotropfen und Butterstücke mit der Spirituose schmelzen lassen, dann behutsam zu einer homogenen, glänzenden Masse verrühren. Vom Herd nehmen.
4. Während Schokolade und Butter schmelzen, die Eier in einer zweiten Rührschüssel schaumig schlagen. Den Zucker einrieseln lassen, Vanille, Salz und Cayennepfeffer zufügen.
5. Von der Eiermasse ein wenig zur warmen Schokolade geben und zügig mit einem Schneebesen unterschlagen, damit die Eier nicht stocken. Auf diese Weise nach und nach etwa ein Drittel der Eiermasse einarbeiten. Die Eierschokolade in die Rührschüssel zu den restlichen Eiern gießen und alles zu einem Teig verrühren.
6. Die Muffinmulden jeweils zur Hälfte mit dem Schokoteig füllen. Schoko-Cakes 15–20 Minuten im Ofen backen, bis sie außen elastisch und trocken (d.h. oben leicht aufgesprungen sind) und im Inneren saftig und fest sind.

Cakes in der Form lauwarm abkühlen lassen oder vor dem Servieren kalt stellen. Mit etwas Puderzucker bestäuben und nach Belieben mit frischen Beeren servieren.

HINWEIS **Sollten Sie kein Wasserbad-Topfset besitzen, setzen Sie einfach eine entsprechend große Edelstahlrührschüssel auf den mit Wasser gefüllten kleinen Topf.**

NÄHRWERTE / PORTION 439 kcal • **Fett** 30 g • **Natrium** 152 mg • **Kohlenhydrate** 32 g • **Ballaststoffe** 0 g • **Eiweiß** 5 g

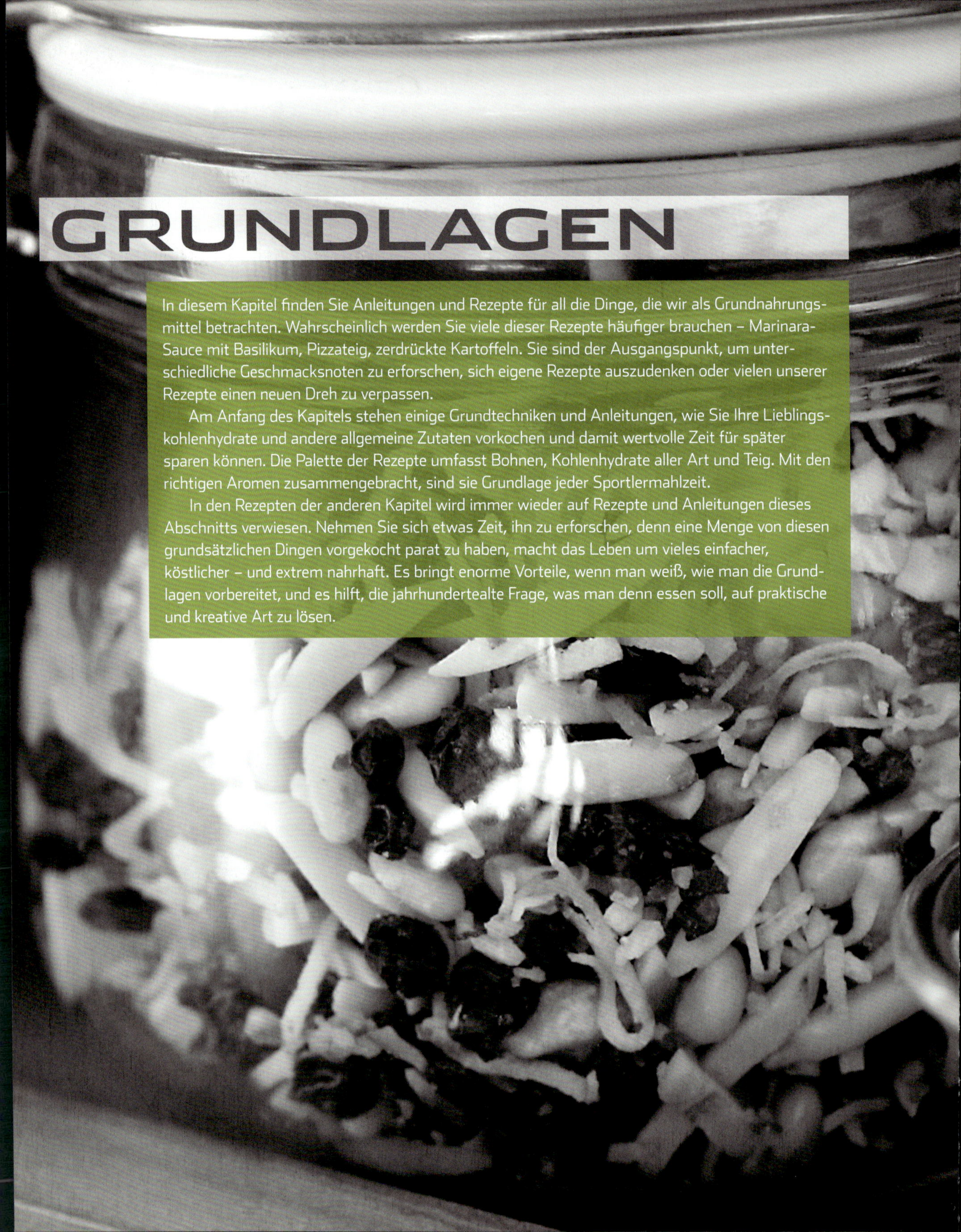

GRUNDLAGEN

In diesem Kapitel finden Sie Anleitungen und Rezepte für all die Dinge, die wir als Grundnahrungsmittel betrachten. Wahrscheinlich werden Sie viele dieser Rezepte häufiger brauchen – Marinara-Sauce mit Basilikum, Pizzateig, zerdrückte Kartoffeln. Sie sind der Ausgangspunkt, um unterschiedliche Geschmacksnoten zu erforschen, sich eigene Rezepte auszudenken oder vielen unserer Rezepte einen neuen Dreh zu verpassen.

Am Anfang des Kapitels stehen einige Grundtechniken und Anleitungen, wie Sie Ihre Lieblingskohlenhydrate und andere allgemeine Zutaten vorkochen und damit wertvolle Zeit für später sparen können. Die Palette der Rezepte umfasst Bohnen, Kohlenhydrate aller Art und Teig. Mit den richtigen Aromen zusammengebracht, sind sie Grundlage jeder Sportlermahlzeit.

In den Rezepten der anderen Kapitel wird immer wieder auf Rezepte und Anleitungen dieses Abschnitts verwiesen. Nehmen Sie sich etwas Zeit, ihn zu erforschen, denn eine Menge von diesen grundsätzlichen Dingen vorgekocht parat zu haben, macht das Leben um vieles einfacher, köstlicher – und extrem nahrhaft. Es bringt enorme Vorteile, wenn man weiß, wie man die Grundlagen vorbereitet, und es hilft, die jahrhundertealte Frage, was man denn essen soll, auf praktische und kreative Art zu lösen.

EINFACHE KÜCHENTECHNIKEN

GEGART UND VORBEREITET

KOHLENHYDRATE

BEILAGEN

AROMATISCHES

V Vegetarisch
G Glutenfrei

Einfache Küchentechniken

NÜSSE RÖSTEN

Eine Gusseisen- oder Edelstahlpfanne (keine beschichtete Pfanne!) auf mittlerer bis hoher Stufe erhitzen. Die Nusskerne unter ständigem Rühren 3–5 Minuten in der Pfanne rösten, bis sie dunkel gebräunt sind.

Siehe auch das Rezept für die gerösteten Nüsse, Seite 282. ★

★★★

GEMÜSE BLANCHIEREN

Auf dem Herd Salzwasser in einem Topf zum Kochen bringen. Gemüse portionsweise ins kochende Wasser geben, bis es weich ist, aber noch ein wenig Biss und eine intensive Farbe angenommen hat. Das Gemüse sofort herausheben und in eine Schüssel mit Eiswasser legen, bis es ausgekühlt ist. Das Abschrecken in Eiswasser deaktiviert die Enzyme im Gemüse und hält es damit länger frisch.

★★★

TOMATEN UND FRÜCHTE ENTHÄUTEN

Auf dem Herd Salzwasser in einem Topf zum Kochen bringen. Die Unterseite der Früchte kreuzweise einritzen. Früchte auf einem Schaumlöffel einzeln ins kochende Wasser gleiten lassen und etwa 30 Sekunden garen, bis sich die Haut abzulösen beginnt. Sofort herausheben und in eine Schüssel mit Eiswasser legen. Mit den restlichen Früchten genauso verfahren. Von den abgekühlten Früchten behutsam die Haut abziehen.

EIER ZUBEREITEN

Rührei› Eine dünn eingeölte Sautierpfanne auf mittlerer Stufe erhitzen. Eier in beliebiger Anzahl in die Pfanne schlagen und verrühren, bis sie zu stocken beginnen und die Eimasse nicht mehr flüssig ist. Nach Geschmack mit Salz und frisch gemahlenem Pfeffer würzen.

Pochieren› In einem Topf Wasser mit etwas Essig zum Köcheln bringen. Das Ei in eine kleine Tasse oder Suppenkelle aufschlagen und vorsichtig ins nur noch leicht siedende Essigwasser gleiten lassen. Das Ei so lange nicht berühren, bis das Eiweiß nicht mehr durchsichtig ist und Sie das Eigelb sehen können. 4–5 Minuten im heißen Wasser ziehen lassen, anschließend mit einem Schaumlöffel herausheben.

Kochen› Eier in einen Topf mit reichlich kaltem Wasser aufsetzen und das Wasser zum Kochen bringen. Für weiche Eier 3 Minuten im kochenden Wasser garen, für harte 10 Minuten. Die Eier zum sofortigen Gebrauch unter fließendem kaltem Wasser abschrecken und pellen oder für eine spätere Verwendung im Kühlschrank aufbewahren.

Die gerösteten Nüsse passen hervorragend zu Bijus Porridge (Seite 40) oder zum süßen Reis mit Früchten (Seite 120). Das Rezept für die Nüsse finden Sie auf Seite 282.

Gegart und vorbereitet

KARTOFFELN GAREN

Backofen› Ungeschälte Kartoffeln waschen und abbürsten, einzeln in Alufolie wickeln und 1 Stunde im 180 °C heißen Ofen backen. Garprobe mit der Spitze eines kleinen Messers machen. Kommt sie nach dem Einstechen sauber wieder heraus, sind die Kartoffeln fertig.

Mikrowelle› Ungeschälte Kartoffeln waschen, abbürsten und rundherum mit einer Gabel einstechen. Kartoffeln in der Mikrowelle auf hoher Stufe 8–10 Minuten erhitzen (eine einzelne Kartoffel 5–8 Minuten, je nach Größe). Herausnehmen, 5 Minuten abkühlen lassen, pellen und das Fruchtfleisch grob würfeln. Kartoffelwürfel in 500-ml-Behältern portioniert vorrätig halten.

Süßkartoffeln scheinen im Backofen schneller zu garen, die Garzeit in der Mikrowelle entspricht aber der von normalen Kartoffeln. Grundsätzlich hängen die Garzeiten immer von der jeweiligen Größe der Kartoffeln ab.

★★★

ROTE BETE GAREN

Backofen› Die trockene Hitze im Ofen verleiht Roter Bete eine feine Süße und führt zu einer besseren Konsistenz des gegarten Fruchtfleischs. Ungeschälte Rüben waschen, einzeln in Alufolie wickeln und mit einem Schuss Wasser nebeneinander in eine ofenfeste Form legen. Im 180 °C heißen Ofen in etwa 1 Stunde weich garen. Abkühlen lassen, dann die Schale mit den Händen abziehen.

Mikrowelle› Ungeschälte Rüben waschen und stellenweise mit einer Gabel einstechen. Rote Bete in der Mikrowelle 8 Minuten erhitzen, wenden und nochmals 3–4 Minuten erhitzen, bis sie weich sind. Abkühlen lassen, dann die Schale mit den Händen abziehen.

NUDELN GAREN

Kochen› Die meisten italienischen Pastasorten und asiatischen Nudeln werden in kochendem Salzwasser gegart. Die Kochzeit ist abhängig von der Sorte. Gegarte Nudeln abseihen, anschließend mit ein wenig Öl vermischen, damit sie nicht zusammenkleben.

Nudeln vorgaren› *Al dente* bedeutet bissfest, das heißt dass die gegarten Nudeln im Kern noch leicht fest und nicht weich oder matschig sind. Zum Vorgaren die Garzeit der Nudeln um ein Viertel oder mehr nach der auf der Packung angegebenen Zeit verkürzen. Wenn Sie die Nudeln später dann erhitzen, garen sie perfekt al dente.

★★★

HÄHNCHEN GAREN

Kochen› In einem großen Topf ausgelöstes und enthäutetes Hähnchenfleisch mit reichlich Salzwasser bedecken und das Wasser zum Kochen bringen. Bei kleiner Hitze 10 Minuten sieden lassen, anschließend einen Deckel auflegen und das Fleisch 45 Minuten im heißen Wasser ziehen lassen. Hähnchenfleisch herausnehmen, abkühlen lassen, anschließend nach Bedarf in Streifen zerpflücken oder klein schneiden.

Braten/grillen› Schneller geht es, wenn Sie das Fleisch vor dem Garen (20 Minuten) oder Grillen (12–15 Minuten) bei starker Hitze anbraten.

Im Ofen braten› Hähnchenfleisch rundherum in Olivenöl wenden, salzen und pfeffern. Im 200 °C heißen Ofen 20–25 Minuten braten. Siehe auch das Rezept für ein ganzes Brathähnchen, Seite 255. ★

PORTIONEN 2
ZUBEREITUNGSZEIT 20 Minuten

Basmatireis

200 g Basmatireis

1 TL Salz

1 EL weißer Tafelessig

1. Den Reis in einer Schüssel zweimal in warmem Wasser waschen (Wasser nach dem ersten Durchgang vorsichtig abgießen – oder ein Sieb benutzen – und die Schüssel ein zweites Mal füllen).
2. Reis mit Salz, Essig und 375 ml Wasser in einen mittelgroßen Topf geben und bei mittlerer bis starker Hitze zum Kochen bringen. Durchrühren und den Reis bei schwacher Hitze im dicht verschlossenen Topf 15 Minuten garen, bis er das gesamte Kochwasser aufgenommen hat.
Die Herdplatte ausschalten und den Reis im verschlossenen Topf noch einige Minuten nachquellen lassen.

Mit Fleisch, Fisch oder zu einem Eintopf servieren. Ergibt etwa 525 g gegarten Reis.

Basmatireis ist etwas leichter als der Mittelkornreis, den wir in vielen unserer Rezepte verwenden. ★

NÄHRWERTE/PORTION (etwa 175 g gegarter Reis)
320 kcal • **Fett** 0 g • **Natrium** 1.163 mg • **Kohlenhydrate** 70 g • **Ballaststoffe** 2 g • **Eiweiß** 8 g

PORTIONEN 4–5
ZUBEREITUNGSZEIT Einweichen über Nacht, Garzeit 1–2 Stunden

Getrocknete Bohnenkerne

450 g getrocknete Bohnenkerne (z. B. Adzuki- oder Kidneybohnen)

Salz

1. Die Bohnenkerne in einem Sieb unter fließendem kaltem Wasser abspülen und verlesen. In einer Schüssel mit Wasser bedecken und im Kühlschrank über Nacht oder mindestens 2 Stunden einweichen lassen.
2. Einweichwasser abgießen. Bohnen mit der doppelten Menge Wasser in einen großen Topf geben, salzen und sprudelnd aufkochen lassen. Bei schwacher Hitze im verschlossenen Topf je nach Bohnensorte in 1–2 Stunden weich kochen. Vor der Verwendung gründlich abspülen.

Ergibt etwa 680–850 g gegarte Bohnen.

Bereiten Sie die Bohnen in unseren Rezepten möglichst mit getrockneten Bohnenkernen zu. So können Sie nicht nur den Salzgehalt kontrollieren, sondern auch Geschmack und Konsistenz der Bohnen sind viel besser. ★

NÄHRWERTE/PORTION (etwa 170 g gegarte Bohnen) 226 kcal • **Fett** 1 g • **Natrium** 280 mg • **Kohlenhydrate** 40 g • **Ballaststoffe** 13 g • **Eiweiß** 16 g

PORTIONEN 4
ZUBEREITUNGSZEIT 20 Minuten

Quinoa

175 g Quinoa-Körner

500 ml salzarme Brühe oder Wasser

½ TL Apfelessig

1. Quinoa-Körner in einem Sieb gründlich mit kaltem Wasser abspülen. In einen mittelgroßen Topf geben, Brühe oder Wasser und den Essig dazugeben und zum Kochen bringen. Die Hitze auf kleinste Stufe stellen und die Körner im verschlossenen Topf etwa 10 Minuten garen, bis sie fast die gesamte Kochflüssigkeit aufgenommen haben.
2. Herdplatte ausschalten und die Körner 5 Minuten im verschlossenen Topf nachquellen lassen. Die Körner sollten am Ende weich und schön locker und nicht allzu klebrig sein.

Quinoa mit Salz und ein wenig Olivenöl oder Butter abrunden. Ergibt etwa 750 g gegarten Quinoa.

Quinoa (kin-wa ausgesprochen) sind ballaststoffreiche Körner, die zudem alle acht essentiellen Aminosäuren enthalten. ★

NÄHRWERTE/PORTION (etwa 185 g gegarter Quinoa) 185 kcal • Fett 5 g • Natrium 146 mg • Kohlenhydrate 30 g • Ballaststoffe 3 g • Eiweiß 7 g

PORTIONEN 4
ZUBEREITUNGSZEIT 15–20 Minuten

Polenta

1 l Wasser (siehe Hinweis)

½ TL Salz

180 g Instant-Polenta (vorgegarte Polenta) oder Polenta aus feinem Maisgrieß

2 EL Olivenöl oder Butter

2 EL in feine Streifen geschnittene frische Basilikumblätter

2 EL fein gehackte frische glatte Petersilienblätter

1. In einem Topf mit schwerem Boden das Wasser mit dem Salz sprudelnd aufkochen. Unter ständigem Rühren mit einem Holzlöffel langsam die Polenta einrieseln lassen. Die Instant-Polenta unter Rühren etwa 15 Minuten bei schwacher Hitze zu einem dicken Brei garen, die normale Polenta etwa 30–40 Minuten. Sie ist fertig, wenn sich der Brei vom Topfrand löst.
2. Die restlichen Zutaten unterrühren und die Herdplatte ausschalten.

HINWEIS Anstelle des Wassers können Sie die Polenta auch in 500 ml Wasser und 500 ml salzarmer Hühner- oder Gemüsebrühe garen.

Instant-Polenta braucht zum Garen nur die Hälfte der Zeit im Vergleich zu normaler Polenta. Halten Sie in Ihrem Supermarkt danach Ausschau. ★ *Sie können Polenta als weichen Maisbrei servieren oder Sie geben den Brei in eine tiefe Form, streichen ihn glatt und stellen ihn über Nacht zum Festwerden in den Kühlschrank. Polenta anschließend in Riegel schneiden und eingepackt mit zum Training nehmen.*

NÄHRWERTE/PORTION (etwa 250 g gegarte Polenta) 170 kcal • Fett 8 g • Natrium 302 mg • Kohlenhydrate 24 g • Ballaststoffe 3 g • Eiweiß 3 g

PORTIONEN 2
ZUBEREITUNGSZEIT 15 Minuten

Quinoa-Salat

550 g gegarte Quinoa-Körner (etwa 125 g rohe Körner), gekühlt GEGART

170 g gegarte schwarze Bohnen oder Bohnen aus der Dose, abgetropft

150 g Paprikaschoten, klein gewürfelt

1 EL fein gehackte Chilischoten

30 g frische glatte Petersilie, gehackt

4 EL (60 ml) Olivenöl

2 TL Southwestern- oder TexMex-Gewürzmischung

Saft von 1 Zitrone

1. In einer großen Schüssel sämtliche Zutaten vermischen und mit Salz und Pfeffer abschmecken. Salat vor dem Servieren im Kühlschrank ziehen lassen, damit sich die Aromen verbinden. Mit gehacktem Koriandergrün garnieren.

Zu Hähnchenfleisch oder Fisch servieren.

NÄHRWERTE/PORTION 535 kcal • **Fett** 31 g • **Natrium** 610 mg • **Kohlenhydrate** 53 g • **Ballaststoffe** 12 g • **Eiweiß** 15 g

PORTIONEN 2
ZUBEREITUNGSZEIT 10 Minuten

Hirse-Couscous mit Trockenfrüchten

250 g Hirse

1 Prise Salz

1 EL Olivenöl

2 EL Korinthen, Rosinen oder andere Trockenfrüchte

2 EL gehackte frische glatte Petersilie

1 kleine Knoblauchzehe, fein gewürfelt

2 EL Pinienkerne oder andere Nüsse, gehackt

1. In einem Topf 500 ml Wasser aufkochen. Couscous mit dem Salz in eine hitzefeste Schüssel geben und mit dem kochenden Wasser übergießen. Gründlich durchrühren, dann den Couscous abgedeckt etwa 5 Minuten quellen lassen.

2. Inzwischen das Öl in einer großen Sautierpfanne erhitzen. Trockenfrüchte, Petersilie, Knoblauch und die Nusskerne in die Pfanne geben und bei mittlerer bis starker Hitze 2–3 Minuten garen. Couscous hinzufügen und behutsam durchmischen. Mit Salz und Pfeffer abschmecken.

Ergibt etwa 600–700 g.

Mit Geflügel, Schweinefleisch, Fisch oder Eiern servieren. ★

NÄHRWERTE/PORTION 500 kcal • **Fett** 15 g • **Natrium** 468 mg • **Kohlenhydrate** 75 g • **Ballaststoffe** 6 g • **Eiweiß** 16 g

PORTIONEN 2
ZUBEREITUNGSZEIT 15 Minuten

Schnelle Pasta mit Petersilien-Pesto

Frische Petersilie ist preisgünstiger als Basilikum, deshalb bereite ich häufig dieses einfache grüne Pesto zu. Es schmeckt sowohl zu kurzen als auch zu langen Nudeln.

- 1 Bund frische Petersilie (etwa 60 g), gehackt
- 1 Knoblauchzehe, gehackt
- 2 EL Olivenöl, gegebenenfalls mehr Öl zum Verdünnen
- 2 EL geriebener Parmesan
- Saft von ½ Zitrone
- 1 kräftige Prise Salz
- GEGART 400 g gegarte Nudeln, warm oder raumtemperiert

ZUTATEN NACH WAHL

- 1 TL rote Chiliflocken
- 1 EL Weißweinessig

1. Alle Zutaten bis auf die Nudeln im Mixer oder in der Küchenmaschine grob pürieren. Sollte das Pesto zu dick sein, etwas mehr Öl untermixen. Abschmecken und gegebenenfalls nachwürzen.
2. In einer großen Servierschüssel die Nudeln mit dem Pesto vermengen.

Pesto-Nudeln mit Hähnchen- oder Steakfleisch servieren. Ergibt ½ Tasse Pesto.

TIPP Glatte Petersilie hat einen intensiveren Geschmack als die krause Variante. Sie können für dieses Rezept aber auch krause Petersilie verwenden.

NÄHRWERTE/PORTION 302 kcal • **Fett** 16 g • **Natrium** 268 mg • **Kohlenhydrate** 32 g • **Ballaststoffe** 6 g • **Eiweiß** 8 g

PORTIONEN 4
ZUBEREITUNGSZEIT 25–30 Minuten

Italienische Marinara-Sauce mit Basilikum

Meiner Meinung nach schmeckt eine Marinara am besten als bunter, knackiger Mix aus dem frischesten Gemüse, das man auftreiben kann. Ich persönlich halte sie für eine ausgezeichnete Möglichkeit, so viele saisonale Zutaten wie möglich zu essen. Dieses Rezept eignet sich nicht nur als Pastasauce, sondern auch als Grundlage für eine Suppe.

2 EL Olivenöl

2 EL fein gehackter Knoblauch

2 Zwiebeln, gewürfelt

2 EL getrocknete italienische Kräutermischung aus Basilikum, Oregano und Petersilie

100 g Tomatenmark

4 EL (60 ml) Balsamico-Essig

125 ml Rotwein

4 reife Tomaten, gewürfelt

4 EL frische Basilikumblätter

GEGART **800 g gegarte Nudeln**

ZUTATEN NACH WAHL
(grob oder feiner gewürfelt)

Möhren

Paprikaschoten

frische Petersilie

1. In einem tiefen, schweren Topf (der nicht aus Aluminium sein darf) das Olivenöl bei mittlerer Hitze erwärmen.
2. Zuerst den Knoblauch einrühren, dann die Zwiebeln, anschließend getrocknete Kräuter, Tomatenmark, Essig und Wein. Die Tomaten dazugeben, die Mischung zum Köcheln bringen und bei reduzierter Hitze sanft köcheln lassen, bis sie eindickt.
3. Basilikum und die Zutaten Ihrer Wahl in die Sauce rühren. Mit Salz, Pfeffer und ein wenig Melasse oder braunem Zucker abrunden.
4. In einer großen Servierschüssel die gegarten Nudeln mit der Marinara-Sauce vermischen.

Ergibt knapp 1 Liter Sauce.

TIPP Die Sauce nach Bedarf noch mit Wein, Brühe oder Wasser verdünnen. Sie schmeckt verdünnt auch sehr gut als Suppe, die am besten mit knusprigem Brot serviert wird.

NÄHRWERTE/PORTION 383 kcal • Fett 9g • Natrium 114 mg • Kohlenhydrate 61 g • Ballaststoffe 7 g • Eiweiß 11 g
Nährwertangaben zu weiteren Zutaten finden Sie im Anhang.

PORTIONEN 4
ZUBEREITUNGSZEIT 30 Minuten
+ 1 Stunde Kühlzeit

Kartoffelpuffer

Eine krosse goldbraune Kruste umhüllt das weiche Innenleben dieser Kartoffelpuffer, die paniert und in der Pfanne gebraten werden. Sie unterscheiden sich ein wenig von den Süßkartoffelpuffern auf Seite 57, sind aber genauso lecker. Packen Sie sich einen Puffer als Mittagessen für unterwegs ein oder nehmen Sie ihn zum nächsten Training mit.

- GEGART **500 g geschälte Kartoffeln, zerstampft und abgekühlt**
- **2 Eigelb**
- **1 EL gehackte frische glatte Petersilie**
- **2 EL geriebener Parmesan**
- **je 1 kräftige Prise Salz und Pfeffer**
- **2 EL zerbröckelter Ziegenfrischkäse**
- **1 Ei, mit einem Schuss kaltem Wasser verquirlt**
- **90 g Semmelbrösel oder Panko (japanisches Paniermehl)**
- **1 EL Traubenkern- oder Rapsöl**

1. In einer mittelgroßen Schüssel die zerstampften Kartoffeln gründlich mit den Eigelben, der Petersilie, dem Parmesan sowie Salz und Pfeffer vermischen. Für etwa 1 Stunde in den Kühlschrank stellen.
2. Aus der gekühlten Kartoffelmasse etwa 1 cm dicke runde oder ovale Puffer mit einem Durchmesser von 8–10 cm formen. In die Mitte der Puffer jeweils eine kleine Menge Ziegenkäse drücken und die Kartoffelmasse über dem Käse wieder gut verschließen.
3. Kartoffelpuffer zuerst im verquirlten Ei, dann in den Semmelbröseln wenden.
4. Das Öl in einer Sautierpfanne auf mittlerer bis hoher Stufe erhitzen. Die Kartoffelpuffer gegebenenfalls portionsweise in jeweils 6–8 Minuten von beiden Seiten goldbraun braten, dabei einmal wenden. Fertige Puffer auf einem mit Küchenpapier ausgelegten Teller abgedeckt warm halten, während die restlichen Puffer gebraten werden.

Mit kalter Joghurtsauce oder Ihrer Lieblingskonfitüre servieren. Ergibt 4 Kartoffelpuffer.

NÄHRWERTE/PORTION 268 kcal • **Fett** 10 g • **Natrium** 264 mg • **Kohlenhydrate** 36 g • **Ballaststoffe** 3 g • **Eiweiß** 9 g

PORTIONEN 2
ZUBEREITUNGSZEIT 20 Minuten

Zerdrückte Kartoffeln

500 g Kartoffeln, gewaschen und abgebürstet

1 kleine Handvoll gehackte frische Kräuter (Petersilie, Basilikum, Thymian, Schnittlauch usw.)

150 g frischer Gemüse-Mix (Möhren, Paprikaschoten, Stangensellerie, Knoblauch usw.), gewürfelt

2–4 EL Olivenöl, je nachdem, wie trocken die gekochten Kartoffeln sind

1. Kartoffeln rundherum mit einer Gabel einstechen und in einer geeigneten Schüssel 8–10 Minuten in der Mikrowelle gerade weich garen. Abkühlen lassen und nach Belieben die Schale abziehen. Kartoffeln in Stücke schneiden.
2. Restliche Zutaten mit den Kartoffeln vermischen und die Kartoffeln mit den Händen zerdrücken. Mit Salz und Pfeffer abschmecken.

Zu gegrilltem oder gebratenem Fleisch servieren. Ergibt etwa 700 g.

TIPP Die Kartoffeln nicht schälen, wenn Sie sie nach dem Training essen.

NÄHRWERTE/PORTION 480 kcal • **Fett** 21 g • **Natrium** 192 mg • **Kohlenhydrate** 70 g • **Ballaststoffe** 10 g • **Eiweiß** 9 g

PORTIONEN 6
ZUBEREITUNGSZEIT 45–60 Minuten

Pikanter Brotpudding

150 g Gemüse-Mix (Champignons, Stangensellerie, Lauch und Zwiebeln), gewürfelt

8 Scheiben Brot, in Würfel geschnitten

125 ml Milch

4 Eier, verquirlt

1 TL geriebene Muskatnuss

4 EL geraspelter Emmentaler

etwas Meersalz und frisch gemahlener schwarzer Pfeffer

1. Den Backofen auf 190 °C vorheizen. Das Gemüse in etwas Butter dünsten; leicht abkühlen lassen.
2. Gemüse mit den restlichen Zutaten in einer Schüssel vermischen und die Brotwürfel etwa 10 Minuten einweichen lassen.
3. Die Mischung in einer dünn eingeölten, etwa 20 cm großen rechteckigen Auflaufform verteilen und 30–45 Minuten im Ofen backen, bis an einem hineingesteckten Zahnstocher beim Herausziehen nichts haften bleibt.

Mit gebratenem Hähnchen- oder Putenfleisch servieren oder zu einem Salat.

NÄHRWERTE/PORTION 174 kcal • **Fett** 12 g • **Natrium** 149 mg • **Kohlenhydrate** 9 g • **Ballaststoffe** 2 g • **Eiweiß** 7 g

PORTIONEN 2
ZUBEREITUNGSZEIT 10 Minuten

★ Siehe Foto Seite 206.

Pikante schwarze Bohnen

2 EL Olivenöl

½ Zwiebel, gewürfelt

2 EL Taco-Gewürz

je 1 TL an Gewürzen, die Sie vorrätig haben: gemahlener Kreuzkümmel, Zimt, schwarzer Pfeffer, Chilipulver

1 Dose (etwa 400 g) schwarze Bohnen in Salzwasser, abgespült und abgetropft

gehackte frische Petersilie

Limettensaft

1. Das Öl in einer mittelgroßen Sautierpfanne auf mittlerer bis hoher Stufe erhitzen. Die Zwiebeln unter Rühren 3–5 Minuten braten, bis sie zu bräunen beginnen.
2. Die trockenen Gewürze einstreuen und einige Sekunden in der Pfanne verrühren. Bei reduzierter Hitze Bohnen und Petersilie untermischen. Kurz vor dem Servieren mit Limettensaft beträufeln.

TIPP Wenn Sie Zeit haben, sollten Sie dieses Rezept mit getrocknete Bohnenkernen zubereiten (siehe Seite 279).

NÄHRWERTE/PORTION 329 kcal • Fett 15 g • Natrium 903 mg • Kohlenhydrate 75 g • Ballaststoffe 14 g • Eiweiß 15 g

PORTIONEN 4
ZUBEREITUNGSZEIT 20 Minuten

★ Siehe Foto Seite 137.

Pikanter Kohlsalat

1 EL Limettensaft

4 EL (60 ml) Apfelessig

½ EL brauner Zucker

1 TL grobes Meersalz

¼ Kopf Rotkohl, fein gehobelt

¼ Kopf Weißkohl, fein gehobelt

½ Jalapeño-Chilischote, fein gehackt

1 kleine Handvoll Korianderblätter

1. Für das Dressing Limettensaft, Essig, Zucker und Salz in einer kleinen Schüssel verrühren.
2. In einer großen Schüssel Rot- und Weißkohl mit Chili und Koriander mischen. Den Kohlsalat mit dem Dressing anmachen.

Zu Tacos, Burgern und Wraps servieren.

NÄHRWERTE/PORTION 10 kcal • Fett 0 g • Natrium 583 mg • Kohlenhydrate 3 g • Ballaststoffe 1 g • Eiweiß 1 g

PORTIONEN 4
ZUBEREITUNGSZEIT 5 Minuten

Blattgemüse

2 große Handvoll Blattgemüse, gewaschen, harte Blattrippen entfernt, nach Belieben in Stücke oder Streifen geschnitten

Saft von 1 Zitrone

1 TL grobes Meersalz

½ EL Apfelessig (nach Geschmack auch mehr)

½ TL brauner Zucker

1. Sämtliche Zutaten in einer Schüssel mischen und einige Minuten ziehen lassen. Abschmecken; falls der Geschmack zu herb oder bitter ist, mit etwas Olivenöl abschmecken.

Passt besonders gut zu Fisch- und Hähnchengerichten und als Füllung für Burritos und Wraps. Verleiht darüber hinaus schwereren Speisen mehr Leichtigkeit.

Meine Lieblingsblätter sind Grünkohl, Mangold, Löwenzahn, Senf- und Gemüsekohl. Härtere Blätter sollten vor dem Servieren etwas länger ziehen als zartere. ★

NÄHRWERTE/PORTION 9 kcal • Fett 0 g • Natrium 646 mg • Kohlenhydrate 2 g • Ballaststoffe 1 g • Eiweiß 1 g

PORTIONEN 2
ZUBEREITUNGSZEIT 5 Minuten

Gemischter Blattsalat

3 Handvoll (etwa 70 g) gemischte Salatblätter

2 reife Bananen, in Scheiben geschnitten

schwarze Sesamsamen zum Bestreuen (nach Belieben)

FÜR DAS HONIGDRESSING

2 EL Honig

2 EL Olivenöl

1 EL Apfelessig

1 TL fein gehackte grüne Chilischoten

1. Für das Dressing die Zutaten in einer Schüssel mit dem Schneebesen verrühren. Mit Salz abschmecken.
2. In einer Salatschüssel Salatblätter und Bananenscheiben vermengen. Dressing dazugeben und behutsam durchmischen. Nach Belieben mit Sesamsamen bestreuen.

Zu gedämpftem Reis und gegrilltem Hähnchenfleisch servieren. Oder Wraps damit füllen.

Bananen sind eine vielseitige, unkomplizierte und wohlschmeckende Ergänzung in frischen Salaten, zu Fleisch oder Fisch und Meeresfrüchten. ★

NÄHRWERTE/PORTION 306 kcal • Fett 14 g • Natrium 198 mg • Kohlenhydrate 48 g • Ballaststoffe 2 g • Eiweiß 3 g

PORTIONEN 4
ZUBEREITUNGSZEIT 10–20 Minuten

Salsa

Ich bereite diese Salsa in zwei Versionen zu. Die eine wird mit frischem Gemüse gemacht, für die andere wird das Gemüse gebraten oder gegrillt. Beide gelingen ganz einfach und schmecken um so vieles besser als Fertigprodukte. Mitten in der Saison sollten Sie die Tomaten vielleicht besser enthäuten, da sie dann bekömmlicher sind. (Siehe „Tomaten und Früchte enthäuten", Seite 276)

3–4 reife Tomaten

2–3 Jalapeño- oder andere mittelscharfe Chilischoten

1 kleine Zwiebel, geschält

Saft von 1 Limette oder 1 EL Apfelessig

1 kleine Handvoll Koriandergrün, gehackt

Salz

2 EL Olivenöl (zum Braten oder Grillen)

1 TL brauner Zucker oder Honig (nach Belieben)

FRISCHE SALSA ★ Siehe Foto Seite 140.

1. Tomaten, Chilischoten und Zwiebel im Mixer fein hacken oder mit der Hand fein würfeln. Limettensaft oder Essig und Koriander untermischen und mit Salz abschmecken.

SALSA VON RÖSTGEMÜSE ★ Siehe Foto Seite 137.

1. Die ganzen Tomaten, Chilischoten und Zwiebel in dem Olivenöl wenden, bis sie rundherum mit Öl überzogen sind. Das Gemüse bei starker Hitze auf dem Grill, in der Pfanne oder unter dem Backofengrill kräftig bräunen. Auf einem Teller abkühlen lassen, anschließend im Mixer, Gemüsehacker oder mit der Hand zerkleinern, dabei den austretenden Gemüsesaft auffangen. Limettensaft oder Essig und Koriander untermischen und mit Salz abschmecken.

Frisch› **Energy** 47 kcal • **Fett** 1 g • **Natrium** 159 mg • **Kohlenhydrate** 12 g • **Ballaststoffe** 2 g • **Eiweiß** 2 g
Geröstet› **Energy** 106 kcal • **Fett** 7 g • **Natrium** 159 mg • **Kohlenhydrate** 12 g • **Ballaststoffe** 2 g • **Eiweiß** 2 g
Nährwertangaben zu weiteren Zutaten finden Sie im Anhang.

Nährwertangaben für Zutaten nach Wahl und Ersatzzutaten

KOHLENHYDRATE	Brennwert (kcal)	Fett (g)	Natrium (mg)	Kohlenhydrate (g)	Ballaststoffe (g)	Eiweiß (g)
BROT & KÖRNER						
Brot, glutenfrei *1 Scheibe*	110	2	230	22	0	1
Brot, rustikal *1 Scheibe*	150	2	332	28	2	5
Brot, Vollkorn *1 Scheibe*	69	1	132	12	2	4
Couscous *gegart, 150 g*	176	0	8	36	2	6
Hirse *gegart, 170 g*	207	2	3	41	2	6
Pita-Brot *1 ganzes*	165	1	322	33	1	5
Polenta *170 g, gegart*	170	8	302	24	3	3
Quinoa *180 g, gegart*	185	5	146	30	3	7
Tortilla, Mais *1 ganze*	40	1	0	9	1	1
Tortilla, Vollkorn *1 ganze*	110	3	320	18	3	5
PASTA *gegart, 200 g*						
Capellini	221	1	1	42	3	8
Eiernudeln	213	2	11	40	2	8
Glutenfreie Nudeln	205	1	4	46	4	4
Hörnchennudeln	221	1	1	43	3	8
Orzo	200	1	0	42	2	7
Vollkornnudeln	174	1	4	37	6	7
REIS *gegart, 175 g*						
Brauner Reis	218	2	2	46	4	5
Weißer Reis	242	0	0	53	0	5

FRÜCHTE	Brennwert (kcal)	Fett (g)	Natrium (mg)	Kohlenhydrate (g)	Ballaststoffe (g)	Eiweiß (g)
BEEREN *½ Tasse (etwa 70 g)*						
Brombeeren	31	1	1	7	6	1
Erdbeeren	25	0	1	6	2	1
Heidelbeeren	42	0	1	11	2	1
Himbeeren	32	1	1	8	4	1
TROCKENFRÜCHTE *½ Tasse (etwa 70 g)*						
Cranberrys	185	2	2	50	3	0
Korinthen	204	0	6	54	5	3

FRÜCHTE *(Forts.)*	Brennwert *(kcal)*	Fett *(g)*	Natrium *(mg)*	Kohlenhydrate *(g)*	Ballaststoffe *(g)*	Eiweiß *(g)*
Datteln	200	0	1	55	6	1,8
Feigen	220	0	0	52	10	2
Goji-Beeren	197	0	242	41	2	6
Rosinen	247	1	9	66	3	3
OBST *1 Frucht*						
Ananas *80g Fruchtfleisch*	37	0	1	10	0	1
Apfel	29	0	1	8	2	0
Banane	67	0	1	17	2	1
Kiwi	56	0	3	13	3	1
Limette	20	0	1	7	2	0
Mango	135	1	4	35	4	1
Orange	62	0	0	15	3	1
Pfirsich	51	0	0	12	2	1
Zitrone	22	0	3	12	5	1

GEMÜSE	Brennwert *(kcal)*	Fett *(g)*	Natrium *(mg)*	Kohlenhydrate *(g)*	Ballaststoffe *(g)*	Eiweiß *(g)*
Brokkoli *50g*	16	0	15	3	1	2
Butternusskürbis *100g*	47	0	3	12	0	2
Champignons *50g*	11	0	3	2	1	1
Erbsen *70g*	59	0	4	10	4	4
Grüne Chilischote *1 Stück*	15	0	856	4	1	1
Grünkohl *50g*	17	0	15	4	1	1
Jalapeño-Chilischote *50g*	14	1	1	3	2	1
Kartoffel *1 mittelgroße (200g)*	149	0	13	34	4	4
Kohl *30g*	9	0	7	2	1	1
Maiskörner *80g*	66	1	12	15	2	2
Möhren *1 mittelgroße (60g)*	25	0	42	6	2	1
Paprikaschote *50g*	15	0	2	4	2	1
Pastinaken *65g*	50	0	7	12	4	1
Radieschen *60g*	10	0	23	2	1	1
Rote Bete *70g*	37	0	176	9	2	1
Rübchen *100g*	26	0	19	6	3	1
Salatgurke *½ mittelgroße (60g)*	8	0	1	2	1	1
Sellerie *1 Stange (60g)*	8	0	41	2	1	1
Spargel *65g*	13	0	1	3	1	1
Spinat *20g*	4	0	12	1	1	1
Süßkartoffel *70g*	57	0	37	14	2	1
Tomaten *120g*	22	0	13	5	1	1
Tomaten, sonnengetrocknet, ohne Öl *30g*	70	1	566	15	4	4
Zwiebel *1 kleine (60g)*	32	0	3	8	2	1

EIWEISS

EIWEISS	Brennwert *(kcal)*	Fett *(g)*	Natrium *(mg)*	Kohlenhydrate *(g)*	Ballaststoffe *(g)*	Eiweiß *(g)*
BOHNEN *gegart, 1 Tasse*						
Adzuki *230g*	294	0	18	57	17	17
Kichererbsen *170g*	269	4	11	45	13	15
Kidneybohnen, rot *180g*	225	1	4	40	13	15
Weiße Bohnen *180g*	249	1	11	45	11	17
EIER *1 Ei*						
Hart gekocht	78	5	62	1	0	6
Pochiert	71	5	147	0	0	6
Rührei	102	7	171	1	0	7
Spiegelei	90	7	94	0	0	6
FLEISCH/FISCH						
Frühstücksspeck, gebraten *2 Scheiben (16g)*	84	6	384	0	0	6
Hähnchenfleisch, gebraten *125g*	214	6	71	0	0	38
Kochschinken, in feinen Scheiben *50g*	100	6	744	2	0	10
Lachs, aus der Dose *90g*	118	5	64	0	0	17
Thunfisch, aus der Dose *90g*	99	1	287	0	0	22
Wurstbrät, roh, italienisch *50g*	155	13	410	2	1	8
NUSSCREME *2 EL*						
Erdnusscreme	188	16	147	6	2	8
Haselnusscreme	200	10	20	23	2	3
Mandelcreme	202	18	144	6	2	4
NÜSSE & SAMEN						
Cashewkerne *30g*	157	12	3	9	1	5
Mandelkerne, roh *10 Stück*	69	6	0	3	2	3
Pekannusskerne *55g*	377	39	0	8	6	5
Pinienkerne *65g*	455	46	2	9	3	9
Sesamsamen *70g*	413	36	8	17	9	13
Walnusskerne *60g*	386	37	1	6	5	15

MILCHPRODUKTE

MILCHPRODUKTE	Brennwert *(kcal)*	Fett *(g)*	Natrium *(mg)*	Kohlenhydrate *(g)*	Ballaststoffe *(g)*	Eiweiß *(g)*
KÄSE *30g*						
Cheddar	113	9	174	0	0	7
Emmentaler, Schweizer	106	8	54	2	0	8
Fontina	109	9	224	0	0	7
Gouda	104	8	230	0	0	7
Mozzarella	72	5	175	1	0	7
Parmesan	111	7	454	1	0	10
Schafskäse (Feta)	75	6	316	1	0	4
Ziegenkäse	103	8	146	1	0	6

Dank

An allererster Stelle möchte ich Allen Lim dafür danken, dass er mich auf diese Tour mitgenommen hat, Renee Jardine, Kara Mannix und Ted Costantino bei VeloPress für ihre Engelsgeduld und ihre Unterstützung währen der ganzen Arbeit sowie Caroline Treadway, Megan Forbes, Vicki Hopewell und Jeanine Thurston für ihre Vision und viele lange Stunden.

Hilfe bei der Forschung leisteten Courtney Thompson, Gus Flottman und Lucas Euser. Während der Produktion – Kochen, Abschmecken, Feinabstimmung der Rezepte und das Abwaschen von Bergen von Geschirr – halfen uns Küchenchef James Mazzio, Meagan McCorkle und Kirsten Wedde.

Ein besonderer Dank gilt Michelle und Corrina von Prana Apartments dafür, dass sie uns das Haus für die langen Tage des Fotoshootings überließen. Ich danke auch Mike Kaeske sowie Rusty und Deborah Perry für die Benutzung ihrer Küchen, und ganz besonders Gloria Borglum und Alex E'Aton für all die Jahre und unzähligen Mahlzeiten.

Schließlich ein riesiges Dankeschön an all die Athleten, Freunde und Familienmitglieder, die viele seltsame Gerichte und Ideen ertragen haben – ein kleiner Teil von ihnen findet sich hier.

BIJU THOMAS

Ohne die bedingungslose Unterstützung und das wunderbare Essen meiner Eltern wäre der Keim für dieses Buch nie gepflanzt worden. Kultur ist mehr, als womit unsere Mütter uns gefüttert haben. Es ist die Quintessenz aller Mahlzeiten und aller Rezepte, die wir mit anderen geteilt haben, und es ist die Freude, die wir empfunden haben, wenn wir mit jenen, die uns am nächsten stehen, gekocht und gegessen haben. Und so möchte ich denen danken, mit denen ich die meisten meiner Mahlzeiten geteilt habe: meinen Eltern George und Margarita, meinem Bruder Almerick, allen meinen Cousinen, Tanten, Onkeln, Freunden und Athleten, die sich die Zeit genommen haben, für mich zu kochen, oder es riskiert haben zu essen, was ich gekocht habe.

Dennoch wäre dieses Buch nie geschrieben worden ohne die unglaubliche Arbeit von Renee Jardine und ihrer begabten Crew bei VeloPress, darunter Kara Mannix und Ted Costantino. Nur weil Renees Kopf buchstäblich nicht explodiert ist, während sie uns dazu brachte, Termine einzuhalten, und uns zwang, egal wo auf dieser Welt uns auf den Hosenboden zu setzen und zu schreiben, existiert dieses Buch.

Ein großer Dank an Megan Forbes für ihre ganze Arbeit zu Ernährungsfragen und Nährwerten und die unschätzbare Resonanz, die sie mir immer gab, wenn ich Hilfe bei der Lösung höchst komplexer Dilemmata brauchte.

Besonders danken möchte ich auch Dr. William Byrnes, meinen Mentor an der University of Colorado in Boulder. Immer wenn ich mit einer verrückten Theorie daherkam, war Dr. Byrnes der erste, der seinen Kopf schüttelte und mir einen Satz entgegenhielt: „Junger Mann, das wissen Sie nicht." Sein kritisches Auge und seine außergewöhnliche Sorgfalt haben mich mit den Grundlagen ausgestattet, die mir meine Karriere im Profiradsport ermöglichten, und dieser eine Satz hat mir als einfache Stimme der Vernunft seit meiner Graduierung immer als Leitlinie gedient.

Natürlich gilt mein unausgesprochener Dank und mein ungeheurer Respekt dem Küchenchef Biju Thomas. Er hat sich nie verweigert, wenn es darum ging, todmüde und unter den übelsten Bedingungen irgendwo zu kochen – nur um unserer reinen Liebe zum Essen und zum Sport willen.

ALLEN LIM

Fachwissen Radsport

Profitieren Sie von Profi-Wissen und wenden Sie die neuesten technologischen Entwicklungen und aktuellsten wissenschaftlichen Erkenntnisse selbst in Training und Wettkampf an:
Das Standardwerk „Wattmessung im Radsport und Triathlon" gibt einen umfassenden und fundierten Einblick in alle Aspekte des wattgesteuerten Trainings. Es zeigt, wie ambitionierte Radsportler mit den verschiedenen Wattmesssystemen und Auswertungsprogrammen ihr Training optimieren können. „Schneller Rad fahren" vereint sport- und trainingswissenschaftliches Fachwissen mit vielen Empfehlungen für die eigene Trainings- und Rennpraxis. „Radsport extrem" bereitet alle Ausdauerfahrer und Erlebnishungrigen auf das Abenteuer „Ultradistanz" vor.

Hunter Allen und Dr. Andrew Coggan
Wattmessung im Radsport und Triathlon
368 Seiten
ISBN 978-3-936376-73-9

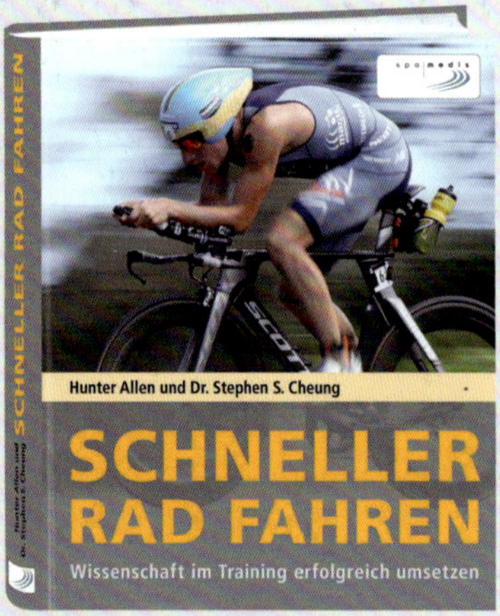

Hunter Allen und Dr. Stephen S. Cheung
Schneller Rad fahren
Wissenschaft im Training erfolgreich umsetzen
280 Seiten
ISBN 978-3-936376-93-7

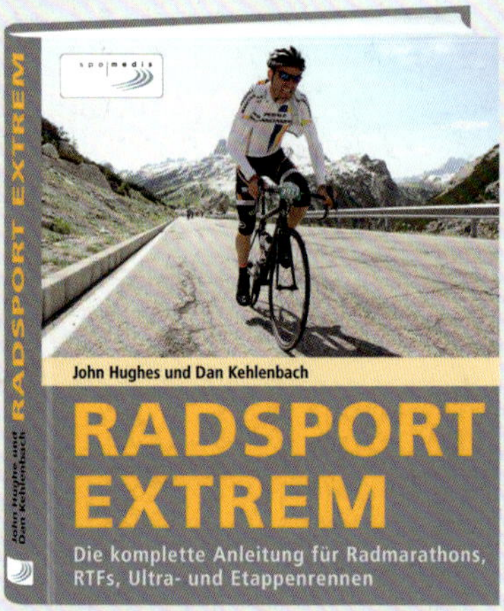

John Huges und Dan Kehlenbach
Radsport extrem
Die komplette Anleitung für Radmarathons, RTFs, Ultra- und Etappenrennen
344 Seiten
ISBN 978-3-936376-92-0